日英語対照研究と談話分析

伊藤 晃 著

大学教育出版

はしがき

　2010 年に勤務校の出版助成を得て『談話と構文』を出版してから 10 年以上が過ぎた．この間，所属部局である北九州市立大学基盤教育センターの語学教育担当副センター長として，2 度のカリキュラム改編と 3 度の中期計画・中期目標作成に取り組んだ．2019 年には，本学で「英語語法文法学会第 27 回大会」を開催することができた．学部，大学院，研究会等でお世話になった先生方の多くが，大学を定年退職されたが，私も昨年還暦を迎え，定年まで数年を残すのみとなった．

　本書は，2020 年度学長選考型研究費 B（出版助成）を受けて出版することとなった．

　前著『談話と構文』では，分裂文といくつかの接続表現に関する論考をまとめたが，本書では，筆者がこれまでに大学紀要，雑誌，研究会誌等に発表した論文のうち，日英語対照研究に関する論考をまとめた．前著の「はしがき」を読み返すと「それまでバラバラであると考えていた研究と研究の間には実は繋がりがあることを発見し，そこからさらに新たな議論を展開することは非常に面白い営みである」などと尤もらしいことを書き連ねている．この 10 年余りを振り返ると，研究において自身が納得できるほど新たな議論を展開するまでには至っておらず，精進の足りなさを反省するばかりである．

　本書を出版するにあたっては，株式会社大学教育出版の佐藤守氏と宮永将之氏には大変お世話になりました．記してお礼申し上げます．

　2021 年 1 月

伊藤　　晃

ii

日英語対照研究と談話分析

目　次

第**3**章　日英語の Open Proposition に関する一考察 ············ 27

第**4**章　日英語の頻度表現と主観性
　　　　── "often" と「しばしば」を中心に ── ···················· 39

第**5**章　日英語の非限定的修飾節の構文における機能について
　　　　··· 49

■　凡　例　■

例文における各記号の意味は以下のとおり。

1.「#」：談話の冒頭であることを示す

2.「＊」：非文であることを示す

3.「?」：不自然な文であることを示す

4.「??」：「?」よりも不自然さの度合いが高いことを示す

5.「φ」：要素が存在しないことを示す

日英語対照研究と談話分析

x

第1章

日英語の分裂文の対照研究
—— 焦点化可能な要素に関する制約を中心に ——

英語には①のような文から派生された②③のような文が存在する.

① John bought a car.

② What John bought was a car.

③ It was a car that John bought.

③はCleft SentenceあるいはIt-Cleftと呼ばれ，②はPseudo-CleftあるいはWh-Cleftと呼ばれる．英語のCleftに相当する日本語の構文は④のような文から派生された⑤のような文である.

④ 太郎は車を買った.

⑤ 太郎が買ったのは車だ.

⑤のような文を分裂文あるいは便宜上「XのはYだ」構文と呼ぶこととする．本章の目標は，英語のCleftと日本語の分裂文を焦点化可能な要素に関する制約を中心に構文レベルで比較することである.

1. 日英語の分裂文の前提部分の構造について

(1) 日本語の分裂文

英語のcleftを構文レベルで分析したものとしては，1970年のAkmajianやHigginsの研究例が代表的であるが，日本語の分裂文を構文レベルで考察したものは少ないように思われる．本章で考察の対象とする日本語の分裂文とはどのような構文であるのかを明らかにしておきたい．日本語の分裂文，「XのはYだ」構文は前提部分つまり「X」の部分に変項の存在が想定され，この変項に値を与える要素が「Y」の位置に現れる形で成り立っている．先の⑤を例に

取って見てみると，「太郎がXを買った」という形で変項の存在が想定され，この変項に「車」が値を与えているのである．したがって，次の⑥のような文は分裂文とは区別される．

⑥　太郎が車を買ったのは意外だった．

⑥は「XのはYだ」の形式を持ってはいるが，⑤とは違って「X」の部分に変項の存在を想定することはできないからである．

(2) 日英語の分裂文の対応関係

英語には2つのタイプの分裂文，It-CleftとWh-Cleftが存在するが，日本語には「XのはYだ」構文しか存在しない．両言語の分裂文を比較する前に日本語の分裂文が英語のどちらのタイプの分裂文により良く対応するのかを確認しておこう．Inoue（1982）は，日英語の疑似分裂文（本章でいうところの「分裂文」，「XのはYだ」構文，英語のWh-Cleft）は同じ構造的，意味的な特徴を持つとしている．例えば次例のごとくである．

⑦　<u>学生たちが読みたがっていたのは</u><u>この談話分析の本でした</u>．

　　　　　　前提　　　　　　　　　　焦点

⑧　<u>What the students wanted to read</u> was <u>this book on discourse analysis</u>.

　　　　　　前提　　　　　　　　　　　　焦点

より正確には⑦⑧の前提は⑨である．

⑨　The students wanted to read something.

したがって⑦⑧は同じ前提を持つ以下の疑問文に対する適切な答えとなる．

⑩　学生たちは何を読みたがっていたのですか．

⑪　What did the students want to read?

以上のような事実から日本語の分裂文により良く対応するのはWh-Cleftであることが分かった．しかし，だからといって以下の議論においてIt-Cleftを考察の対象からはずしてしまうというわけではない．英語の2種類のCleftに対応する日本語の構文が1種類しかない以上，英語のIt-Cleft的な機能までもが日本語の分裂文によって果たされている可能性があるからである．

(3) 前提部分の構造

　日英語の分裂文の対応関係が明らかになったところで，それぞれの構文の前提部分，つまり「XのはYだ」構文の「Xの」の部分とWh-Cleftのwh節の構造について考えてみよう.

　まずWh-Cleftについて 1985 年の福地の研究では，whatには疑問代名詞としての用法と関係代名詞としての用法があるが，Wh-Cleftのwhatは，どちらかというと疑問詞の性格が濃く，同構文の主語は主要部を欠く関係節（全体として名詞句）ではなく，純粋に節と考えた方が良いとされており，そのように考える根拠として次の⑫⑬があげられている.

⑫　Was what John said immediately comprehensible to you?

⑬　＊Was what John said that we should all go home?

　つまり主語と動詞を入れ替えて疑問文にした場合，関係節を含む文⑫は可能であるが，Wh-Cleft⑬は不可能であるというのである. さらに，⑭に見られるようにWh-Cleftでは前提部分と主文との間に時制の一致が要求される.

⑭　What John bought was a car. (＊What John bought is a car.)

　またWh-Cleftの主文の動詞は原則として単数形である.

⑮　What John bought was a book. (＊What John bought were books.)

　このような事実もWh-Cleftの前提部分の節としての性格を反映したものといえよう.

　では次に日本語の分裂文の主語の部分について見ていこう. 結論から先に述べると，日本語の分裂文，「XのはYだ」構文の名詞化接辞「の」は比較的高い名詞性を有しており，「Xの」の部分は名詞句を形成していると考えられる.

　まず普通の体言相当語句の中または連体修飾句の中では主格の「が」と「の」を互いに変えることができる.「ガノ可変」といわれている現象である. 分裂文においてはこのガノ可変が見られるだろうか.「のだ」文と比較しながら検討してみよう.

⑯　昨日太郎が会ったのは花子だ.

⑰　昨日太郎の会ったのは花子だ.

⑱　雨が降っているのだ.

⑲　＊雨の降っているのだ.

「のだ」文の「の」は先行する一群の語句を体言的にまとめる力がかなり弛
緩してきているのに対して，分裂文の「の」は連体修飾語句を形成する力を
持っているといえる. さらに霜崎（1983）によれば，⑳に見られるように名
詞化用法の「の」は母音がしばしば脱落して「ん」になる傾向が認められるの
に対して，㉑に見られるように代名用法の「の」（この場合「机」を指示する）
にはそうした事実は認められないとしている.

⑳　A：この机はどう見ても本職の作ったようには見えないね.

　　B：あたり前です. その机は僕が作ったのです. ／その机は僕が作っ
　　　　たんです.

㉑　A：どれがあなたの作った机なの？

　　B：その机が僕の作ったのです. ／＊その机が僕の作ったんです.

分裂文についてはどうであろうか.

㉒　＊昨日太郎が会ったんは花子だ.

分裂文の「の」についても代名用法の「の」と同様の傾向が観察される.

以上の観察から明らかなように分裂文の「の」は比較的高い名詞性を有して
おり，「XのはYだ」の「Xの」の部分は，Wh-CleftのWh節とは異なり名詞
句であると考えられる.

2. 日英語の分裂文の焦点化可能な要素について

英語のCleft Sentenceについては，その焦点の位置にどのような要素が現れ
うるかに関しては，1970年のEmonds，1976年の天野，1985年のQuirk *et
al.*等の研究があげられるが，日本語の分裂文に関してはこのような観点から
の分析は見当たらない. そこで本節では，まず日本語の分裂文においてどのよ
うな要素が焦点化されうるかを見ていくことにする. そして，その後上述した
ような英語の分裂文に関する先行研究を参考にしながら比較検討を行う.

(1) 日本語分裂文の焦点化可能な要素

　日本語の分裂文の実例を集めて観察してみると焦点に現れる要素に関して何らかの制約が存在しているように思われる．例えば㉓の文から㉔のような分裂文は作れても㉕のような分裂文は作れない．

　　㉓　太郎は熱心に数学を勉強している．

　　㉔　太郎が熱心に勉強しているのは数学だ．

　　㉕　＊太郎が数学を勉強しているのは熱心にだ．

　そこで「日本語の分裂文の焦点の位置に現れ得る要素は名詞相当語句である」という仮説を立てておき，以下でこの仮説の妥当性を検証する形で分析を進めていくことにする．

(2) 名詞＋格助詞

　文㉖から派生された㉗㉘の分裂文を見られたい．

　　㉖　会社はあの銀行から借金をしている．

　　㉗　会社が借金をしているのはあの銀行だ．

　　㉘　会社が借金をしているのはあの銀行からだ．

　㉘に見られるように日本語の分裂文の焦点の位置には「名詞＋格助詞」が現れることができる．これは先の仮説に対する反例となるだろうか．日本語では名詞に格助詞がついてもその名詞的性質が維持されやすい．その証拠を以下に2つ示す．まず第1に主題となれる要素は通常名詞であるが，格助詞を伴った名詞も主題化されうる．

　　㉙　＊美しいはひまわりだ．／＊速くは太郎が走る．／＊育つは太郎がすくすくとだ．

　　㉚　大阪は食べ物がうまい．

　㉙㉚から明らかなように名詞は主題になれるが，形容詞，副詞，動詞等は主題化できない．「名詞＋格助詞」について見てみよう．

　　㉛　大阪では花博が開催されている．／大阪からは渋谷高校が出場した．／大阪駅には障害者用のエレベーターがない．

　㉛より「名詞＋格助詞」は主題化が可能であり名詞性を持っているといえる．

次に，「AのB」という表現においては，A，Bには基本的には名詞が現れるが，「名詞＋格助詞」もこの枠組に収まる．

㉜　＊美しいの極致／＊速くの秘密／＊育つの良さ

㉝　大阪の人口

㉜㉝から名詞は「AのB」の枠組に収まるが，形容詞，副詞，動詞等はこの枠組に収まらないことが分かる．「名詞＋格助詞」について見てみよう．

㉞　花子からの電話／日光への修学旅行／花子との出会い

㉞より「名詞＋格助詞」は「AのB」の枠組に収まり名詞性を持っているといえる．

以上の観察から明らかなように「名詞＋格助詞」には名詞性が認められ，したがって分裂文の焦点の位置に㉘のように「名詞＋格助詞」が現れても先の仮説に対する反例にはならないといえる．

(3) 副詞節

本節では理由を表す副詞節の焦点化の可能性を検討する．次の㉟〜㊸を見られたい．

㉟　花子が遅刻したから太郎は怒った．

㊱　風邪のウイルスに感染したので太郎は風邪をひいた．

㊲　勇気を身につけるために舞台に出る．

㊳　太郎が怒ったのは花子が遅刻したからだ．

㊴　＊太郎が風邪をひいたのは風邪のウイルスに感染したのでだ．

㊵　舞台に出るのは勇気を身につけるためだ．

㊶　＊花子が遅刻したからの太郎の憤慨．

㊷　＊ウイルスに感染したのでの太郎の風邪ひき

㊸　勇気を身につけるための舞台出演

㊶〜㊸から明らかなように，「〜から」「〜ので」「〜ため」のうち「AのB」のテストフレームに収まる，つまり名詞性を持つのは「〜ため」だけである．したがって㊵のような分裂文が成立しうることは先の仮説の予想するところであるが，問題は㊳に見られるように名詞性を持たないにもかかわらず「〜か

ら」が分裂文の焦点の位置に現れるということである．この事実はどのように説明すればよいだろうか．この問題は「から」と「ので」の機能の違いに注目することで解決されると思われる．永野（1951），Nakada（1977）等によれば，「ので」が因果関係に立つ事柄を客観的に1つの事態として叙述するのに対して，「から」は理由や根拠を主観的に説明するものである．㊳のような文は副詞節，「～から」が㊴の「～ので」と違って話者の主観つまり新情報を与えているという点で分裂文の情報構造と共通している．このため分裂文の構造上の制約をoverrideする形で名詞性を持たない「～から」が焦点の位置に現れるようになったと考えられる．

(4) 日英語の分裂文の焦点化可能な要素

（1）項～（3）項で日本語の分裂文の焦点の位置に現れうるのは基本的には名詞性を持つ要素であるということが明らかになった．ここでは先行研究を参考にしながら，英語の分裂文の焦点の位置に現れるのはどのような要素であるかを確認し，日本語の分裂文との対照分析を試みる．

Wh-Cleft，It-Cleftともに名詞句の焦点化が可能であることはいうまでもないが，『新英語学辞典』によれば，副詞類は，文副詞を除き，It-Cleftの焦点になれるが，Wh-Cleftの焦点にはなれない．

㊹　＊What John walked up to Mary was quietly.

㊺　It was quietly that John walked up to Mary.

㊻　＊The one who Bill wants to share the room is with Albert.

㊼　It is with Albert that Bill wants to share the room.

㊽　It is because he is sick that John is not coming today.

That節，不定詞節，動詞句は，Wh-Cleftの焦点になれるが，It-Cleftの焦点にはなれない．

㊾　What I was most afraid of was that he might be caught in the traffic jam.

㊿　＊It was that he might be caught in the traffic jam that I was most afraid of.

(51) What my father wanted was for me to become a doctor.

(52) ＊It was for me to become a doctor that my father wanted.

(53) What John did was write a letter to his father.

(54) ＊It was (to) write a letter to his father that John did.

（2）項で見たように，英語のIt-CleftとWh-Cleftのうち，日本語の分裂文により良く対応するのはWh-Cleftである．

そこで日本語の分裂文と英語のWh-Cleftについて焦点化可能な要素の対応関係を見てみよう．まず㊹に見られるように，Wh-Cleftでは様態副詞の焦点化が不可能であるが，これは日本語の分裂文についても同様である．

(55) ＊太郎が花子に近づいたのはゆっくりとだ．

次にWh-Cleftでは，that節，不定詞節の焦点化が可能であるが，これらの要素にはいずれも名詞性が認められるので日本語の分裂文と共通している．またWh-Cleftでは動詞句の焦点化が可能であるが次例(56)から明らかなように時制を伴うことはできない．

(56) ＊What John did was wrote a letter to his father.

したがって(53)のようなWh-Cleftの焦点の位置に裸の動詞句が現れているような例も，㊾(51)と同様に名詞表現の周辺に位置づけることができる．次に比較の対象をIt-Cleftにまで広げてみよう．

It-Cleftでは㊼㊽のようにWh-Cleftでは焦点化され得ない前置詞句，because節の焦点化が可能であるのに対して，日本語の分裂文では（2）項および（3）項で見たように「名詞＋格助詞」，理由を表す「〜から」が焦点の位置に現れることが可能であり，この点では，日本語の分裂文にIt-Cleft的性格が見て取れる．

3．1章のまとめ

日本語の分裂文と英語の主にWh-Cleftとを構文レベルで比較した結果，以下の諸点が明らかになった．

両構文の前提部分，つまり日本語の分裂文の「Xの」の部分とWh-Cleftの

wh節を比べて見ると，日本語の分裂文の前提部分は「の」の名詞性が比較的高く全体として名詞句を形成しているのに対して，Wh-Cleftの前提部分は主要部を欠く関係節，つまり全体として名詞句を形成しているのではなく純粋に節である．

　次に両構文においてどのような要素が焦点化可能かを見てみると，日本語の分裂文では焦点の位置に現れることができる要素は名詞相当語句であり，英語のWh-Cleftについても概ねこの傾向があてはまる．また日本語の分裂文では，理由を表す副詞節「〜から」が名詞性を持たないにもかかわらず焦点の位置に現れることができる．これは同要素が分裂文の「前提＋焦点」という情報構造になじみやすく同構文の統語的制約をoverrideしたものと考えられるが，英語のCleftにおいてはbecause節がWh-Cleftの焦点の位置には現れることができず，It-Cleftの焦点の位置に現れ得ることから，日本語の分裂文が焦点化可能な要素に関してIt-Cleft的なものまで引き受けているといえるかもしれない．

第**2**章

日英語の分裂文の対照研究
—— 前提部分が表す情報の違いについて ——

　本章で考察の対象とするのは，英語のCleft Sentencesとこれに対応する日本語の分裂文である．Cleft Sentencesというのは，①のような文から派生される②および③のような文である．

　　①　John ordered a coffee.

　　②　What John ordered was a coffee.

　　③　It was a coffee that John ordered.

②は，Pseudo-CleftあるいはWh-Cleftと呼ばれ，③は，Cleft Sentence，あるいはIt-Cleftと呼ばれる．②あるいは③に対応する日本語の構文が④のような文から派生される分裂文⑤である．

　　④　太郎はコーヒーを注文した．

　　⑤　太郎が注文したのはコーヒーだ．

　本章では，英語のCleft Sentencesと日本語の分裂文の談話における振る舞いを観察し，それぞれの構文の前提部分（Wh-Cleftのwh節，It-Cleftのthat節，日本語の分裂文の「〜の」にあたる部分）が担う情報の性格の違いを明らかにする．次の第1節では，1978年のPrinceのCleft Sentencesについての分析を概観し，続く第2節で日本語の分裂文の談話における振る舞いを観察し，Cleft Sentencesとの対照分析を試みる．

1. 英語の Cleft Sentences の談話における振る舞い

日英語の分裂文の情報構造を見てみると，Wh-Cleftでは「前提＋焦点」It-Cleftでは「焦点＋前提」，そして日本語の分裂文では「前提＋焦点」となっており，英語の2種類の分裂文のうち日本語の分裂文により良く対応するのは，Wh-Cleftであることが分かる．そこでまず，Wh-Cleftの談話における振る舞いを観察する．ただし，以下の議論においてIt-Cleftを考察の対象からはずすわけではない．英語の2種類の構文に対応する日本語の構文が1種類しかない以上，日本語の分裂文が英語のWh-Cleft的な機能以外にIt-Cleft的なものまで引き受けている可能性があると考えられるからである．英語のCleft Sentencesを談話レベルで分析したものとしては1978年のPrince，1984年のDeclerck，1991年のCollins等の研究例があるが，ここでは，日英語の分裂文の前提部分が担う情報の性格の違いを検討するという本章の目標に最も良く適っていると思われる1978年のPrinceの研究を取り上げる．

まず1978年のPrinceの研究のうちWh-Cleftに関する部分を見ていこう．この研究によれば，「wh節の中身が発話を聞いた時に聞き手の意識の中に存在すると協調的な話者が想定しうるようなもの（Given Information）でなければ，Wh-Cleftは首尾一貫した形で談話の中に現れることはできない」ということである．同氏のあげている例を見てみよう（ $_i$ は同一指示であることを表す）．

⑥ There is no question what they$_i$ are after. What the committee$_i$ is after is somebody at the White House. They$_i$ would like to get Haldeman or Colson, Ehrlichman.

本例では先行文脈に明示的に情報が与えられている．次例では先行文脈とのつながりを含意から知ることができる．

⑦ He is reported ... not to be as desperate today as he was yesterday but to still be on the brink, or at least shaky. What's made him shaky is that he's seen McCord bouncing out there and probably walking out scot free.

先行文脈から彼が"shaky"であることは分かっており，何かが彼をそういう状態にしたと推論することができる．Wh-Cleftの先行詞になりうる情報単位のタイプの主たるものとしてPrinceは以下のようなものをあげている．

(1) 明示的な情報

言語的あるいは非言語的文脈に明示的に与えられた情報．先の⑥および⑧がこれに当たる．

⑧　"You see, what I am doing, John, is putting you in the same situation as Pres. Eisenhower put me in with Adams"

(2) 非明示的な情報

⑥，⑧等に比べて解釈に際して聞き手に負担がかかる．

⑨　At first contact he developed a furious hatred for the party of the Social Democrats. "What most repelled me", he says, "was its hostile attitude toward the struggle for..."

(3) 対比

先行する言語的な文脈との関係が対比的である．⑩では否定／肯定の対比が，⑪では原級／比較級の対比が見られる．

⑩　Precisely how pseudo‐clefts are formed need not concern us... What is relevant is that in all the cases examined above － and in fact in most pseudo-clefts － the constituent following be is an NP.

⑪　The fact that... pre-eminence of some groups and regions over others shifted frequently is well known ... what is less known, or rather not admitted by some who prefer not to look at the staring presence of reality, is the other fact that...

(4) 言外の先行詞

Aが話しているなら，発話場面の参加者はAが何かを意味していると他の参加者が思っていると想定しうる．

⑫ Nixon: ...There is something to be said for not maybe this complete
answer to this fellow, but maybe just a statement to me. My versions
are these: bing, bing, bing. That is a possibility.

Dean: Uh huh.

Nixon: What I mean is we need something to answer somebody.

(5) 先行詞がテキストそのものの中にではなく，発話場面の規範（Norm）の中にあるもの

⑬ Nixon: ...I knew there was something going on, but I didn't know it was
a Hunt.

Dean: What really troubles me is: one, will this thing not break
some day and the whole thing - domino situation -everything starts
crumbling, fingers will be pointing...

このような例についてPrinceは，話者の関連する思考，観察，意見，反応等が聞き手の関心事と見なされ，聞き手の意識の中にあると想定されうるとしている．

⑭ Haldeman: He said, yes, he thinks John Dean did lie to the FBI when
he said he wasn't sure whether Howard Hunt had an office in the White
House.

Dean: I said I had to check it out. What happened is that the agent
asked if he could see the office...

さらに，⑭のような例については，出来事は起こり続ける，そしてこうした出来事は我々に固有で不変の関心事であるという語用論的な原則があるようであるとしている．以上，1978 年のPrinceの研究のWh-Cleftに関する部分を概観し，同構文の前提部分，すなわちwh節が聞き手の意識の中に存在すると話者が協調的に想定しうる情報（Given Information）を表すことを確認した．

2.　日本語の分裂文

　本節では，日本語の分裂文が談話においてどのような振る舞いを見せるかを観察し，その前提部分が先に見た英語の Wh-Cleft の前提部分とは異なって聞き手の意識の中に存在すると話者が想定しうるような情報を表してはいないことを主張する．まず次例を見られたい．

⑮　タイから国境を越え，UNTAC（国連カンボジア暫定統治機構）の大型トラックがカンボジアの首都・プノンペンを目指してばく進している．（中略）タイ国境に延びる国道 5 号．土煙の中から，突然，トラックが現れて我々の行く手をさえぎった．給水車がある．住宅用のプレハブを積んだトラックも．全部で 203 台．運転するのは，タイ，インドネシアなど PKO（国連平和維持活動）に参加している軍人だ．（毎日新聞 1992 年 4 月 3 日）

（Large-sized trucks of UNTAC rushed to Phnom-Penh, the capital of Cambodia, crossing the border from Thailand. (omitted). The national road No.5 leading to the border of Thailand. From a cloud of dust, suddenly the trucks appeared and barred our way. There were trucks for water supply and trucks loaded with prefabricated houses and so on. They amounted to 203. The people who drove these trucks were soldiers participating in PKO from Thailand, Indonesia etc.)

　本例を見る限りは，日本語の分裂文の前提部分も先に見た英語の Wh-Cleft のそれと同様に Given Information を表していると考えることができそうである．先行文脈に基づいて聞き手が「誰かが運転する」と考えているといった想定を話者が行いうると考えるのは妥当であると思われるからである．さらに，本例の英語訳においては，Wh-Cleft が自然な形で談話の中に現れている．次例についてはどうだろう．

⑯　そこへまたアルバム「旅ひととせ」の復刻盤が出た．昭和 61 年，ひばりの芸能生活 40 年を記念して，小椋佳が全 12 曲を作詞作曲．女

性と別れた男が，1年がかりで全国を旅し，また元へ戻るストーリー
の組曲で，1曲ずつがご当地ソングの仕立て．シングルになったのは
そのうちの3曲だけで「函館山から」のほかはカラオケにもめったに
ない．（毎日新聞1992年3月23日）

(In addition to that, the album "Tabi hitotose" was revived. In the 61st
year of Showa, Kei Ogura composed and versified all of the 12 songs
in commemoration of Hibari's 40 years of life in show business. The
12 songs make a suite telling a story in which a man who parted from
a woman travels all over Japan for one year and comes back. What
became a single was only three of those songs. These three songs are
rarely included in karaoke except "Hakodateyama kara")

　本例では，言語的な文脈に基づいてというよりも，「アルバムが出れば，そ
のうちの何曲かがシングルカットされるものである」といった言語外の知識に
基づいて「何曲かがシングルになった」と聞き手が考えていると話者は想定し
うると考えることができるかもしれない．英語訳におけるWh-Cleftの自然さ
にも問題はない．これまでに観察した例では，日本語の分裂文の前提部分も英
語のWh-Cleftのそれと同様に Given Informationを表すと考えることが可能で
あると思われるが，以下の例ではそのように考えることは不可能である．

⑰　中村監督は「宙返りが得意な，運動神経抜群の選手だった．事故後見
　　舞いに行き，『医者に，死にたくても，死ねない体になったんだよと
　　言われました』と，本人から聞かされた時は涙が止まらなかった」と
　　話す．1年10ヵ月の病院生活中，リハビリに励んだ．力になってく
　　れた家族や友人への恩返しをしたかったが，収入もない．執筆のきっ
　　かけだった．文章を書くようになって，思い出したのは，中村監督の
　　長女で，時々野球部寮に遊びに来た聡子ちゃん（当時7歳，現在PL
　　学園高校1年）のこと．（毎日新聞1992年4月3日）

(Mr. Nakamura says,"He was a player with superb motor nerves who
was good at the somersault. After the accident, I went to see him at the
hospital. I couldn't stop crying when I heard from him that he had been

told by the doctor that his body was damaged so badly that he could not kill himself." During the one year and ten month long life in the hospital, he devoted himself to rehabilitation. He wanted to repay the kindness of his family members and friends who supported him but he did not have any income. This made him begin to write. ? <u>The person who he remembered after he started writing was Satoko (seven years old then, a freshmen at PL Gakuen High School now), Mr. Nakamura's daughter, who sometimes visited the dormitory for the baseball club. / After he started writing, he remembered Satoko (seven years old then, a freshmen at PL Gakuen High School now), Mr. Nakamura's daughter, who sometimes visited the dormitory for the baseball club.)</u>

　本例においては，言語的な文脈に基づく形でも，あるいは言語外の知識に基づく形でも，聞き手が「文章を書くようになって，何かを思い出した」と考えているといった想定を話者が行いうるとは考えられない．英語訳を見てみると，適当な文脈情報が与えられないために，Wh-Cleftの使用が不自然なものになっているのが分かる．次の⑱についても同様である．

⑱　しかし，私たち50代の年齢層は，かつてテレビのなかった少年時代に，講談本や大衆小説を読んだでしょう．映画も一生懸命見に行きました．それに，漫画界も今みたいに硬派の劇画からナンセンス漫画にいたるような幅広い広がりは持っていなかった．だから，必然的に活字を追いかけたのです．「オレたちは夏目漱石やトルストイを読みあさったもんだ」という熟年にもよく出会いますが，今の漫画はそういう文学作品に近いレベルまで芸術性を高めてきているのですよ．現に，亡くなった手塚治虫さんはツルゲーネフの『罪と罰』やゲーテの『ファウスト』を芸術のレベルで漫画化されていました．<u>よく有害なセックス描写として批判されるのは「青年コミック」「レディース・コミック」と呼ばれる漫画です．</u>（毎日新聞 1992 年 3 月 29 日）

(However, we in our 50s read story books and popular novels in our childhood, when there were no television sets. Also, we flocked to see the movies. In addition to that, the world of comics was not so diversified as that of today, which covers hardboiled comics to nonsense comics. Naturally, we longed for the written medium. I often meet middle-aged men who say "We used to read Soseki Natsume or Tolstoi a lot" but the comics of today have improved their artistic value close to the level of such literary works. Actually, Mr. Osamu Tezuka cartooned Turegenef's "Crimes and Punishment"and Goethe's "Faust" at the level of art.   * <u>What is often criticized as noxious description of sex is the comics called "comics for youth" and "ladies' comics" / The comics called "comics for youth" and "ladies' comics" are often criticized as noxious description of sex.</u>)

本例においても，話者が聞き手の知識の状態について何らかの想定を行っているとは考えられない．つまり，言語的，非言語的文脈に基づいて聞き手が「よく有害なセックス描写として何かが批判される」と考えていると話者が想定しうるとは考えられない．先の⑰と同様に，英語訳におけるWh-Cleftの使用は不自然なものとなっている．日本語の分裂文は，先の⑮，⑯に見られるように結果として先行文脈を受けることはあっても，英語のWh-Cleftのように先行文脈に依存する形でしか，あるいは先行文脈に基づいて前提部分が聞き手の意識の中に存在すると話者が想定しうるような情報（Given Information）になっていなければ，談話の中に自然な形で現れることができないといった構文ではないのである．先行部分とのつながりに注意しながら，さらに次の⑲を見てみよう．

⑲ 「兄のいる湾岸は海水の表面はきれいなのに，下は原油がコールタールのじゅうたんのようになっているそうです．それを掘り起こし，ひしゃくですくって捨てる．マングローブは根も幹も原油で真っ黒になっているといいます」コンプレッサーでマングローブに緑岩の粉を吹きつけ，油を除去する．8人がかりでしているが，大変な労働だ．海底の貝類はすべて死に絶え，環形動物のゴカイが不気味に動き回っている．<u>目を楽しませてくれるのは沖の島にいる2羽のシラサギだ</u>

け．（毎日新聞 1992 年 3 月 19 日）

("I hear that at the gulf where my brother is staying, the sea water is clear at the surface but under the surface crude oil lies like a carpet of coal tar. He digs up the crude oil, ladles it and throws it away. The Mangroves' roots and trunks have gone black with crude oil." He gets rid of the oil from the mangroves by spraying ryokugan powder using a compressor. He works with seven people but still it is hard work. Shellfishes in the seabed are all dead. Gokais are moving around eerily. ＊What pleases him is just two birds at an island in the offing. / Just two birds at an island in the offing please him.)

　言語的な文脈を考えても，非言語的な文脈を考えても，分裂文と先行部分との間につながりを見いだすことはできず，聞き手が「何かが目を楽しませてくれる」と考えているといった想定を話者が行いうるとは考えられない．英語訳から明らかなように，このような状況での Wh-Cleft の使用は，やはり不自然なものとなっている．次例では，分裂文が談話の冒頭に現れている．（＃は談話の冒頭であることを示す）

⑳　＃井下田憲さんが異常に気付いたのは 4 年前の 10 月 10 日だった．朝，目を覚まして布団から起きようとしたが，転がるばかりで起き上がることができない．寝ぼけているのかなと思った．53 歳の井下田さんは救急車で病院に運ばれた．脳卒中で左半身がまひしていた．（毎日新聞 1991 年 7 月 18 日）

（＃＊The day when Mr. Ken Igeta became aware of the disorder was October 10th four years ago. / Mr. Ken Igeta became aware of the disorder October 10th four years ago. That morning, he woke up and tried to get up from his futon, but he could not get up and kept falling down.)

　このような分裂文の存在は，同構文において話者は聞き手の知識の状態について何らかの想定を行っているのではないという小論の主張をさらに支持するものである．先行文脈が存在しないし，前提部分の内容から考えて非言語的な

文脈とのつながりを認めることもできない．同様の状況における Wh-Cleft の使用が不自然であるのは，言うまでもない．次の㉑㉒についても同様である．

　㉑　#ガリレオが望遠鏡をつくったとき，踊り上がって喜んだのは軍部だった．「皆さまお気付きの通り，この機械を用いれば，われわれは敵の艦隊を敵より２時間早く知ることができるのであります」プレヒトは『ガリレイの生涯』の中でベネチア造兵廠幹部にこういわせている．科学的発明の軍事利用．（毎日新聞 1991 年 11 月 2 日）

　　（# * The one who was so delighted that they danced when Galileo made a telescope was the military authorities. / When Galileo made a telescope, the military authorities were so delighted that they danced. "As you can see, we can find the enemies' fleets two hours earlier than the enemies by using this instrument." This is what Bulehito had the executive of the arms factory in Venice say in "Life of Galilei.")

　㉒　#私が日本女子大に入学したのは 1946 年，敗戦の翌年である．住む家がない，食物がない，学費もなくて進学できない…．そんな生活苦の中で，学生であることが「負い目」に感じられるような時代であった．（毎日新聞 1990 年 4 月 5 日）

　　（# ? The time when I entered Nihon Women's University was 1946, one year after the end of World War II. / I entered Nihon Wonen's University in 1946, one year after the end of World War II. There was nowhere to live, no food, and no money for tuition so a lot of people gave up going to tertiary institutions.)

　本例の分裂文の前提部分で表されているのは，話者自身の経験であり，このような状況において聞き手の意識の中に存在すると話者が想定しうるような情報ではない．

　次に第 1 節で見た 1978 年の Prince の研究で Wh-Cleft の先行詞になりうる情報単位のタイプとしてあげられている「言外の先行詞」，「発話場面の規範」との関連で日本語の分裂文を考えてみたい．「言外の先行詞」と「発話場面の規範」は他のタイプの情報単位と異なり，対話という状況においてのみ有効である．

事実，Princeがあげている例を見てみると，同氏が一般的ではないとしている一
例を除いてはすべてが対話形式となっている．ここで例㉓を見てみよう．

㉓　本多：…だから前提としておかしいのだけれども，一応そういう意味
　　で，条件を付けたうえでいえば，たとえば差別をつくるとき一番やり
　　やすいのは，見てすぐちがうものがあるときです．たとえば身体障害
　　者だとか，色がちがうとか．そういう意味でいうと，アイヌは見た目
　　にちがいがわかりやすい．毛深いとか，あるいは何と無く…．
　　吉田：ほりが深い…．
　　本多：違って見えるでしょう．すると差別がやりやすい．おもしろい
　　と思うのは，今の吉田さんがいった「ほりが深い」という表現をめぐ
　　るカルチュア（文化）ですが，日本の伝統的な物の見方からいえば，
　　「ほりが深い」ということはいいことではなかったわけです，けっし
　　て．「ほりが深い」ということばじたいがおかしいのね．（本多勝一『日
　　本人は美しいか』）

　　(Honda: ... so this may be a strange presupposition, however, let me
　　say conditionally in that sense, for example, that when we discriminate,
　　it is easiest to do so in cases where we can immediately see some
　　difference. For example, in the case of the disabled, different color of
　　skin etc. In this regard, Ainu people are easy to see as different, for
　　instance they look hairy, or just somehow...
　　Yoshida: They have deep-set features...
　　Honda: They look different, don't they? In this case, it is easy to
　　discriminate. What I am interested in is the culture related to the
　　expression "having deep-set features" you used just now.)

本例を見る限り「言外の先行詞」「発話場面の規範」といった概念が日本語
の分裂文を分析する際にも有効である．つまりWh-Cleftと同様に日本語の分
裂文の前提部分もGiven Informationを表しているのではないかと思われる．
英語訳におけるWh-Cleftの自然さについても問題は無い．ところが㉓と同じ
タイプの分裂文は対話形式を取らない文にも現れうる．

㉔ 証券取引等監視委員会が 20 日に発足する．これを機会に，証券界は昨年来の不祥事で泥にまみれたイメージを転換してほしい．その直前になって，準大手証券 3 社の新たな損失補てんが発覚した．損失補てんは 1 月から施行された証券取引法改正によって，刑事罰の対象となっている．これからはこの種の監視，取り締まりは，大蔵省証券局から監視委員会に移される．残念なのは，今回の損失補てんをめぐる事実の発表が遅れ，しかも不明朗なことだ．（毎日新聞 1992 年 7 月 16 日）

(The observation committee for stock trading etc. will start on 20th. On this occasion, we hope that the stock industry will change its image, which has been badly damaged by a series of scandals since last year. (omitted) From now on, the observation and control of the stock trading will be transferred from the securities bureau of the finance ministry to the observation committee. ? What is regrettable is that the announcement of the facts of compensation for losses was delayed and is not clear.)

　先にも述べたように「言外の先行詞」「発話場面の規範」は発話場面に支えられてこそ有効な概念である．つまり Wh-Cleft において話者の関連する思考，観察，意見，反応等が聞き手の関心事と見なされ，聞き手の意識の中に存在すると想定されうるのは対話という状況に支えられているからこそなのである．したがって㉔のような分裂文が可能であるということは，日本語の分裂文においては，話者は聞き手の知識の状態について何らかの想定を行っているのではないということになる．英語訳に見られるように，Wh-Cleft は，このような状況では自然な形で現れることはできない．以下にあげる㉕についても同様である．

㉕ 政府の「カンボジア国際平和協力調査団」が報告書を宮沢首相に提出した．自衛隊派遣の条件は満たされている．現地の期待に応えるのは十分可能と，国連平和維持活動（PKO）に積極的な報告書だ．ただ気になるのは，実質 5 日間の視察でまとめた点．（毎日新聞 1992 年

7 月 17 日）

（The government's "Cambodia International Peace Cooperation Research Group" submitted the report to Prime Minister Miyazawa. The report is positive towards United Nations Peace Keeping Operation (PKO), saying that the conditions for sending Self Defense Forces are met and it is possible to meet the expectation of the local people. ? What makes me anxious is the fact that they made this report in virtually only five days.）

以上，日本語の分裂文の前提部分は英語の Wh-Cleft のそれとは異なり，聞き手の意識の中に存在すると話者が想定しうるような情報を表してはいない，換言すれば Given Information という概念が日本語の分裂文を分析する際には意味をなさないことを見た．それでは，英語の Cleft Sentences は談話において日本語の分裂文のように聞き手の知識の状態とは関係なく振る舞うことはないのだろうか．ここで考察の対象を It-Cleft にまで広げてみよう．

1978 年の Prince の研究によれば，It-Cleft の that 節の部分で表されている情報は，聞き手の意識の中に存在すると想定される必要はないとのことである．例えば，

㉖　I've been bit once already by a German shepherd. It was really scary. It was an outside meter the woman had. I read the gas meter and walking back out...

本例において，It-Cleft を Wh-Cleft と置き換えると，聞き手がある女性が存在し，彼女が何かを持っていたと考えていると想定していることになり，文脈にそぐわなくなる．Prince は，It-Cleft を Stressed Focus It-Cleft と Informative-Presupposition It-Cleft の 2 種類に分類している．Stressed Focus It-Cleft は，焦点の部分にだけ強勢が置かれ，焦点は新情報を表し，that 節は Known あるいは Old Information を表すが聞き手の意識の中に存在すると想定されるものではなく Theme ではない．例を見てみよう．

㉗　a.　...So I learned to sew books. They're really good books.

It's just the covers that are rotten.

b. ... So I learned to sew books. They're really good books.

What's rotten is just the covers.

話者が製本をしているということから，本に何か問題があるということは伺い知ることができる．しかし，この談話のThemeは'books'であり'what is rotten'ではない．よって，It-Cleftがふさわしい．

Informative-Presupposition It-Cleftでは，聞き手はThat節内の情報について考えていると想定されていないだけではなく，that節内の情報を知っているとも想定されていない．同構文の狙いは，that節内の情報を聞き手に知らせるところにあるのである．次の㉘，㉙がInformative-Presupposition It-Cleftの例である．

㉘　＃ It was just about 50 years ago that Henry Ford gave us the weekend. On September 25,1926, in a somewhat shocking move for that time, he decided to establish a 40-hour work week, giving his employees two days off instead of one.

㉙　The leaders of the militant homophile movement in America generally have been young people. It was they who fought back during a violent police raid on a Greenwich Village bar in1969, an incident from which many gays date the birth of the modern crusade for homosexual rights.

以上，It-Cleftに関するPrince（1978）の分析を概観したが，聞き手の知識の状態について何らかの想定を行ってはいないという点で，日本語の分裂文は前提部分が担う情報の性格に関しては英語のInformative-Presupposition It-Cleftに近いといえよう．

3. 2章のまとめ

日英語の分裂文を談話レベルで比較した結果，以下のことが明らかになった．Wh-Cleftは，1978年のPrinceの研究によれば，先行文脈に依存し前提部分は聞き手の意識の中に存在すると話者が協調的に想定しうるような情報（Given Information）を表しているが，日本語の分裂文は，先行文脈に依存せ

ず前提部分は聞き手の意識の中に存在すると話者が想定しうるような情報は表していない．聞き手の知識の状態について何らかの想定を行ってはいないという点では，日本語の分裂文はInformative-Presupposition It-Cleftに近いといえる．

第**3**章

日英語の Open Proposition に関する一考察

　Open Proposition (OP)というのは，1986年のPrinceの研究で提案されている概念であり，以下に見られるような変項の存在が想定される命題のことである．

① This book, <u>John bought yesterday</u>.

② This book, <u>John bought it yesterday</u>.

③ Do you know the man <u>whom John killed</u>?

④ Do you know the man <u>whom John killed him</u>?

　主題化が行われた①のような文では，下線部に〔John bought X yesterday〕といった形で，関係節を含む③のような文では，下線部に〔(whom) John killed X〕といった形で変項の存在が想定され，それぞれの下線部がOPを形成している．これらの文に対して，左方転移が行われた②のような文や（一般的ではないが）関係節の中に "resumptive pronoun" が存在する④のような文の下線部には変項が存在せず，OPが形成されていない．1985年，1990年のPrinceの研究等では，このようなOPを含む構文と含まない構文の振る舞いの違いを観察し，OPが表す情報の性格を明らかにしている．

　OPを含む構文には，以下にあげる⑤⑥のようなものもある．

⑤ What John ordered was a coffee.

⑥ It was a coffee that John ordered.

　⑤のWh-Cleftでは，wh節の部分に，⑥のIt-Cleftでは, that節の部分に〔John ordered X〕といった形で変項の存在が想定され，それぞれOPを形成している．⑤あるいは⑥に対応する日本語の構文は，⑦のような分裂文である．

⑦ 太郎が注文したのはコーヒーだ．

⑦では,「〜の」の部分に〔太郎がXを注文した〕といった形で変項の存在が想定され,この部分がOPを形成している.伊藤（1992）においては,⑤⑥のような英語のCleft Sentencesと⑦のような日本語の分裂文を構文レベルおよび談話レベルで比較対照する中で,両言語の分裂文に含まれるOPが表す情報の性格の違いについて議論した.本章では,拙論での分析をさらに精密化する形で日英語のOPの性格の相違点ならびに類似点を明らかにする.

1. 英語の Open Proposition について

本節では,1986年のPrinceの研究において展開されているOpen Propositionについての議論を概観する.同氏は,まず命題を2つのタイプに分ける.文主語のような変項を含まない命題（whole presupposed propositions）と前述のような変項を含む命題（presupposed open propositions (OP)）である.OPは,ストレスによって表示される場合と統語的に表示される場合とがある.

⑧　a. She gave the SHIRT-i to Harry.

　　b. It was the SHIRT-i that she gave 0-i to Harry.

　　c. She gave X-i to Harry.

（0は空所を表し,iは同一指示であることを表す）

⑧aでは,OPがストレスによって表示され,⑧bではOPが統語的に表示されている.⑧aにおいても⑧bにおいても⑧cが聞き手の意識の中に存在すると想定されており,"salient shared knowledge"となっている.

OPの統語的表示には,以下のようなものもある.

⑨　a. What-i did she give 0-i to Harry?

　　b. What-i she gave 0-i to Harry was a SHIRT-i.

　　c. Can you imagine?! Such a rich woman and after all I've done for her, a SHIRT-i she gave my Harry 0-i, when he was bar mitsved! A lousy shirt!

　　d. A: I heard she gave a few-i dishes to Harry.

　　　　B: No, a whole SET-i she gave him 0-i.

⑨aは直接疑問文，⑨bはWh-Cleft，⑨cはYiddish-Movementの例であり，⑨dはFocus-Movementの例である．⑨a〜dにおいても⑧a, bと同様に⑧cが"salient shared knowledge"となっている．

ただし，構文に含まれる空所とOP内の変項とが一致しない場合もある．

⑩　a.　A: What-i did she give 0-i to Harryj?

B1: To Harry-i she gave a SHIRT-i 0-j

B2: # A shirt-i she gave 0-i to HARRY-J

b.　She gave X-i to Harry-j

（#は，当該の文脈では不自然であることを表す）

⑩aB1 では，⑩bが"salient shared knowledge"となっているのであるが，これまでに見てきた例と異なって，空所0-jと変項X-iが一致していない．

ここまで見てきた例では，OPが"salient shared knowledge"を表していたが，空所を含む構文であってもOPが"salient shared knowledge"を表さない場合がある．次例を見られたい．

⑪　a.　The leaders of the militant homophile movement in America generally have been young people. It was they who fought back during a violent police raid on a Greenwich Village bar in 1969, an incident from which many gays date the birth of the modern crusade for homosexual rights.

b.　It was ten years ago this month that young Irwin Vamplew was bopped on the head by a nightstick while smashing windows in Berkeley in order to end the war in Vietnam. So you can imagine the elation of his parents when he finally emerged this week from his decade-long coma. His first words, naturally, were："Down with the Establishment!"

⑪a, bは，1978年のPrinceの研究でいうところのInformative-Presupposition It-Cleftであるが，同構文では主語と文副詞だけが焦点化され，OPつまりthat節の部分は"salient shared knowledge"を表していない．Informative-Presupposition It-Cleftでは，聞き手はthat節内の情報について考えていると想

定されていないだけでなく，that節内の情報を知っているとも想定されていない．同構文の狙いは，that節内の情報を聞き手に知らせるところにあるのである．

空所を含む構文でありながら，OPが"salient shared knowledge"を表さないものとしては，さらに以下の⑫a, bをあげることができる．

⑫　a.　Yesterday I heard some terrible news.

　　b.　On November 7, 1942, a little boy was born.

本例では，副詞の前置あるいは文副詞の主題化が行われているが，先の⑪a, bと同様にOPは"salient shared knowledge"を表してはいない．

以上，1986年のPrinceの研究に従って，英語においては構文が空所を含むという統語現象と，OPが"salient shared knowledge"を表すという談話現象との間に相関関係が認められるのであるが，空所に対応する要素が主語や文副詞の場合，OPの性格が異なったものとなるということを確認した．

2. 日本語の OP について

本節では，拙論に従って日本語の分裂文と英語のCleft-Sentencesに含まれるOPの性格が異なることを見た後，さらにきめの細かい観察を行うことで日本語の分裂文に含まれるOPについても前節で見たような英語のOPと類似した側面が認められることを主張する．

章の冒頭で述べたように，日本語の分裂文はOPを含む構文である．例えば，「太郎が注文したのはコーヒーだ」といった分裂文では，〔太郎がXを注文した〕といった形で変項の存在が想定され，同構文がOPを含んでいることが分かる．日本語の分裂文に対応する英語の構文は，Wh-CleftとIt-Cleftであるが，情報構造の在り方から見て，日本語の分裂文により良く対応するのはWh-Cleftの方である．日本語の分裂文と英語のWh-Cleftが「前提－焦点」の情報構造を持つのに対して，It-Cleftは「焦点－前提」の情報構造を持っている．日本語の分裂文とWh-Cleftの対応関係をもう少し詳しく見ておこう．

⑬　太郎が注文したのはコーヒーだ．

⑭　What Taro ordered was a cup of coffee.

⑮　Taro ordered something.

⑯　太郎は何を注文したのですか.

⑰　What did Taro order?

　分裂文⑬と Wh-Cleft⑭は, 前提⑮を共有している. したがって, 同じ前提を持つ疑問文⑯, ⑰のそれぞれ適切な答えとなりうる.

　日本語の分裂文と Wh-Cleft の談話における振る舞いを観察して見ると, 以下のような相違点が明らかとなる.

　Wh-Cleft は, 1978 年の Prince の研究によれば, 先行文脈に依存し, 前提部分（wh 節, つまり OP）が聞き手の意識の中に存在すると話者が協調的に想定しうるような情報（Given Information）を表していなければ, 談話の中に首尾一貫した形で現れることはできない. これに対して, 日本語の分裂文は, 先行文脈に依存せず, 前提部分（「〜の」の部分, つまり OP）が聞き手の意識の中に存在すると話者が想定しうるような情報を表していなくても談話の中に首尾一貫した形で現れることができる. 聞き手の知識の状態については鈍感である. つまり, Wh-Cleft の OP は "salient shared knowledge" を表すのに対して, 日本語の分裂文の OP は "salient shared knowledge" を表さない. このことを実例で見ていこう. まず次例を見られたい.

⑱　タイから国境を越え, UNTAC（国連カンボジア暫定統治機構）の大型トラックがカンボジアの首都・プノンペンを目指してばく進している.（中略）タイ国境に延びる国道 5 号. 土煙の中から, 突然, トラックが現れて我々の行く手をさえぎった. 給水車がある. 住宅用のプレハブを積んだトラックも. 全部で 203 台. 運転するのは, タイ, インドネシアなど PKO（国際平和維持活動）に参加している軍人だ.（毎日新聞 1992 年 4 月 3 日）

（Large-sized trucks of UNTAC rushed to Phnom − Penh, the capital of Cambodia, crossing the border from Thailand. (omitted) The national road No.5 leading to the border of Thailand. From a cloud of dust, suddenly the trucks appeared and barred our way. These were trucks for water supply and trucks loaded with prefabricated houses and so on. They amounted to 203. <u>The people who drove these trucks were soldiers participating in PKO from Thailand, Indonesia etc.</u>)

　本例を見る限りは，日本語の分裂文の前提部分，つまりOPも英語のWh-Cleftのそれと同様に"salient shared knowledge"を表していると考えることができそうである．先行文脈に基づいて聞き手が「誰かが運転する」と考えているといった想定を話者が行いうると考えるのは妥当であると思われるからである．さらに，本例の英語訳においては，Wh-Cleftが自然な形で談話の中に現れている．では，次例についてはどうであろうか．

⑲　「兄のいる湾岸は海水の表面はきれいなのに，下は原油がコールタールのじゅうたんのようになっているそうです．それを掘り起こし，ひしゃくですくって捨てる．マングローブは根も幹も原油で真っ黒になっているといいます」コンプレッサーでマングローブに緑岩の粉を吹きつけ，油を除去する．8人がかりでしているが，大変な労働だ．海底の貝類はすべて死に絶え，環形動物のゴカイが無気味に動き回っている．<u>目を楽しませてくれるのは沖の島にいる2羽のシラサギだけ</u>．（毎日新聞1992年3月19日）

（"I hear that at the gulf where my brother is staying, the sea water is clear at the surface but under the surface crude oil lies like a carpet of coal tar. He digs up the crude oil, ladles it and throws it away. The mangroves' roots and trunks have gone black with crude oil." He gets rid of the oil from the mangroves by spraying ryokugan powder using a compressor. He works with seven people but still it is hard work. Shelfishes in the seabed are all dead. Gokais are moving around eerily. ＊<u>What pleases him is just two birds at an island in the offing. / Just two birds at an island in the offing please him.</u>)

　本例においては，分裂文と先行部分との間につながりを見いだすことはできず，聞き手が「何かが目を楽しませてくれる」と考えているといった想定を話者が行いうるとは考えられない．英語訳から明らかなように，このような状況

でのWh-Cleftの使用は，不自然なものとなっている．つまり，日本語の分裂
文のOPは，Wh-Cleftのそれと違って"salient shared knowledge"を表していな
いのである．次の⑳，㉑についても同様である．

⑳　しかし，私たち50代の年令層は，かつてテレビのなかった少年時代
　　に，講談本や大衆小説を読んだでしょう．映画も一生懸命見に行きま
　　した．それに，漫画界も今みたいに硬派の劇画からナンセンス漫画に
　　いたるような幅広い広がりは持っていなかった．だから，必然的に活
　　字を追いかけたのです．「オレたちは夏目漱石やトルストイを読みあ
　　さったもんだ」という熟年にもよく出会いますが，今の漫画はそうい
　　う文学作品に近いレベルまで芸術性を高めてきているのですよ．現
　　に，亡くなった手塚治虫さんはツルゲーネフの『罪と罰』やゲーテの
　　『ファウスト』を芸術のレベルで漫画化されていました．よく有害な
　　セックス描写として批判されるのは「青年コミック」「レディース・
　　コミック」と呼ばれる漫画です．（毎日新聞 1992 年 3 月 29 日）
　　(However, we in our 50s read story books and popular novels in
　　our childhood, when there were no television sets. Also we flocked
　　to see the movies. In addition to that, the world of comics was not
　　so diversified as that of today, which covers hardboiled comics to
　　nonsense comics. Naturally we longed for the written medium. I often
　　meet middle-aged men who say "We used to read Soseki Natsume or
　　Tolstoi a lot" but the comics of today have improved their artistic value
　　close to the level of such literary works. Actually, Mr. Osamu Tezuka
　　cartooned Turegenef's "Crimes and Punishment" and Goethe's "Faust"
　　at the level of art.　＊What is often criticized as noxious description
　　of sex is the comics called "comics for youth" and "ladies' comics". /
　　The comics called "comics for youth" and "ladies' comics" are often
　　criticized as noxious description of sex.)

㉑　政府の「カンボジア国際平和協力調査団」が報告書を宮沢首相に提出
　　した．自衛隊派遣の条件は満たされている，現地の期待に応えるのは

十分可能と，国連平和維持活動（PKO）に積極的な報告書だ．ただ気になるのは，実質5日間の視察でまとめた点．（毎日新聞1992年7月17日）

(The government's Cambodia International Peace Cooperation Research Group" submitted the report to Prime Minister Miyazawa. The report is positive towards United Nations Peace Keeping Operation (PKO), saying that the condition for sending Self Defense Forces are met and it is possible to meet the expectation of the local people. ? <u>What makes me anxious is the fact that they made this report in virtually only five days</u>.)

　以上の観察から，日本語の分裂文のOPがWh-CleftのOPと違って "salient shared knowledge" を表さないということが明らかになったと思われるが，それでは，日本語の分裂文のOPは，どのような性格を持っているのであろうか．

　結論から先に述べると，日本語の分裂文のOPは，聞き手の意識の中に存在すると話者が想定しうるような情報は表さないが，「背景化」されているといえる．ここでいうところの「背景化」とは，通常の語順のままでは文全体が均等に主張されてしまうので，分裂させることによって「OPのは〜だ」のOPの部分を背景化し，それに伴って「〜」の部分に焦点が当てられる，といったことをいう．したがって，情報としての価値は，「XのはYだ」の「X」の部分よりも「Y」の部分の方が高いということになる．このことは，先に見た⑱〜㉑からも明らかであるが，次の㉒により顕著な形で示されている．

　㉒　約57億円をかけ，今春開校したばかりの東京都立新宿山吹高校．刈谷東の普通科2コースに対し，普通科と情報科で6コースと多様な講座が用意されている．<u>驚かされるのは，チャイムの鳴らない校内を好きな服装で闊歩する生徒の意欲の高さだ</u>．「親に頼るのが嫌だから，就職して通えるところを選んだ」「中学では登校拒否になったけど，ここなら自分のベースで勉強できる」と話す個性派ぞろい．（毎日新聞1991年7月5日）

⑱〜㉑では，「OPのは〜だ」のOPにその存在が想定される変項に「〜」の部分に現れる要素が値を与えて同定するという形で文が成り立っていた．例えば，⑱では，〔Xが運転する〕といった形で変項の存在が想定され，「軍人」がそれに値を与えて同定している．㉒においても〔Xに驚かされる〕といった形で変項の存在が想定され，これに「生徒の意欲の高さ」が値を与えて同定しているわけであるが，本例では同要素がさらに話題として談話に導入されており，後続部分に「生徒の意欲の高さ」についての記述が見られ，「XのはYだ」の「X」の部分よりも「Y」の部分の方が情報としての価値が高いことは明らかである．

　ここまで分裂文を例に取って日本語と英語のOPの相違点を見てきたわけであるが，日英語のOPには以下にあげるような類似点も観察される．

　先に見たように，英語のOPでは，空所に対応する要素が主語や文副詞の場合，その性格が異なってくる，つまり"salient shared knowledge"を表さなくなるということであったが，日本語の分裂文のOPについても類似の現象が観察される．次例を見られたい．

　　㉓　1989年は1円玉の年として永久に記憶されるだろう．4月の消費税実施で一躍脚光をあびたのに引き続き，こんどは広島市の水道システム設計入札で2,900円を抑えて堂々，1円が勝利を収めた．<u>「皇国の興廃この一戦にあり，各員一層奮励努力せよ」と檄をとばしたのは日本海海戦（1905年）を前にした連合艦隊の東郷平八郎指令長官だった</u>．1円玉ひとつ握って入札会場に出掛けた富士通広島支店は「企業の興廃この一銭にあり」の心境に違いない．（毎日新聞1989年）

　本例における分裂文では，OPに含まれる空所に主語が対応しているが，その機能は，後続部分，特に「企業の興廃この一銭にあり」との関係から考えて，OPの部分，特に「皇国の興廃この一戦にあり」を談話に導入することであると考えられる．これまでに見てきた分裂文の例と異なって，「XのはYだ」の「Y」の部分よりも「X」の部分の方が情報としての価値が高い，つまり，OPが背景化されていないのである．㉓のような分裂文は，拙論において「降格分裂文」としたもので，通常の語順では主語である人物が目立ち過ぎて文脈にそ

ぐわないために，同要素が主語の位置から分裂文の「Y」の位置に降格されている．次の㉔についても同様である．

㉔　旅行業界には景気後退の波はほとんど押し寄せていない．JTBによると「法人需要に若干かげりが見られるが，個人は好調」だ．1月の海外旅行の伸びは19.4%，国内も6.8%．「旅行支出の優先順位が高くなっている．年1，2回の家族旅行を取りやめる人はいない」というのがJTBの解説だ．バブル全盛期に比べれば消費は確かに落ち込んでいる．しかし，<u>消費の中身に新しいトレンドが生まれている，</u>と指摘するのは三菱銀行調査部の森英高次長だ．景気後退局面では，生活にかかせない食料品などの必需的な支出は小幅減少にとどまるが，外食，レジャーなど消費者の選択の余地が大きい随意的支出が抑制されるというパターンが一般的だった．ところが今回は必需的支出の落ち込みをしり目に，随意的支出が逆に伸びている．かつて，不況下で節約の対象だった随意的支出は，豊かさ志向の中で今では消費のリード役へと変わっている．（毎日新聞1992年3月14日）

ただし，分裂文のOPに含まれる空所に主語が対応する場合に常にOPが背景化されないということではない．㉓，㉔のようなある種の引用表現を形成する分裂文について，通常の分裂文と異なった機能が認められるということである．実際，先に見た⑱，⑲，⑳では，OPに含まれる空所に主語が対応しているが，OPは背景化されている．

次例では，OPに含まれる空所に文副詞的な要素が対応している（#は談話の冒頭であることを示す）．

㉕　#<u>「地方の時代」という言葉がはじめて唱えられたのは1978年7月だった</u>．東京都，埼玉県，神奈川県，横浜市，川崎市の5自治体によるシンポジウムのタイトルが「地方の時代」．長洲一二神奈川県知事は基調報告で，「地方の時代こそ現代社会の問題を解く歴史的キーワード」と述べ，「地方の時代」は流行語となって全国を駆けめぐった．（毎日新聞1992年5月14日）

本例の分裂文の機能は，後続部分との関係から考えてOPの部分，特に「地

方の時代」を談話に導入することであるといえる．㉓，㉔の降格分裂文と同様に「X のは Y だ」の「Y」の部分よりも「X」の部分の方が情報としての価値が高く，OP は背景化されていない．以下にあげる㉖，㉗についても同様の事実が観察される．

㉖　信濃川とならんで米どころ越後平野をうるおす阿賀野川．<u>下流で異変が起こったのは 1963 年だった</u>．漁民の飼っていたネコがネズミを捕らなくなり，もがき苦しんで死んだ．やがて手足のしびれ，めまい，ふらつきを訴える住民が続出した．水俣湾でもまずネコがやられ，人間に被害が及んだ．（毎日新聞 1992 年 4 月 1 日）

㉗　<u>尾崎豊の死を知ったのは，新宿発「あずさ 5 号」の車内であった</u>．出張に同伴した連れの男が，席に着くなり僕に買いこんできたスポーツ新聞を差し出した．「尾崎豊 変死」と一面の肩見出しにはあったのだが，メインの記事は当日開催される天皇賞の展望で，僕は瞬間，彼の死よりも，メジロマックイーンやトウカイテイオーの件のほうが気になった．（毎日新聞 1992 年 5 月 6 日）

　以上の観察から，日本語の分裂文に含まれる OP についても英語の OP と同様に，空所に対応する要素が文副詞的なものであったり，引用表現のような限られた構文においてではあるが，主語である場合には OP の性格が異なってくるという側面のあることが明らかになったことと思う．

3．3 章のまとめ

　英語の OP と日本語の分裂文に含まれる OP を比較した結果，以下のことが明らかとなった．

　英語の OP は，Wh-Cleft の前提部分も含めて，聞き手の意識の中に存在すると話し手が想定しうるような情報，すなわち "salient shared knowledge" を表すが，日本語の分裂文に含まれる OP は背景化されてはいても "salient shared knowledge" は表さない．

　英語の OP では，空所に対応する要素が主語や文副詞の場合，その性格が異

なってくるといったことが観察されるが，日本語の分裂文に含まれるOPについても同様の事実が認められる．

第**4**章

日英語の頻度表現と主観性
── "often" と「しばしば」を中心に ──

　頻度を表す副詞の意味特徴は，様々な観点から議論することができる．例え
ば，他の頻度副詞との関係で，それが表す頻度の高低について議論することが
できる．『英語基本形容詞・副詞辞典』では，100％の頻度を表す"always"か
ら0％の頻度を表す"never"までが頻度の高低に応じて以下のように並べられ
ている．

always (100%) > nearly (almost) always, usually, generally, normally, regularly
(80%) > often, frequently, not always (60%) > sometimes (50%) > occasionally,
not often (40%) > hardly (scarcely) ever, rarely, seldom, not generally, not
usually (20%) > never (0%)

　また，同一の頻度副詞について，それが時間的な意味のほかに位置，文脈に
よっては抽象的な意味を表しうることを問題にすることもできる．"often"は
文頭，文中で用いられ，主語が一般的な人などを表す場合には時間的な意味を
失って「多くの場合」という抽象的な意味になることがあるという．
　①　Often sailors [Sailors often] drink rum.
　①は「水夫がラム酒を飲むことはよくある」といった意味を表し，このよう
な抽象的な意味の場合には数量詞を用いて②のように言い換えることができる
としている．
　②　Many sailors drink rum.
　本章では，日本語と英語の頻度を表す副詞の意味特徴について「主観性の有
無」といった観点からの分析を試みる．例えば，「めずらしく」という表現は「頻

度の低さ」を表すが，次の③a, bに見られるように，事態に対する話し手の心
的態度あるいは主観を表すとされるいわゆる「モダリティ副詞」のような振る
舞いを見せる．

 ③ a. めずらしく（も）太郎が遅刻した．

   b. 太郎が遅刻するのはめずらしい．

「めずらしく」のこのような振る舞いは，以下の④a, bに見られる典型的な
モダリティ副詞「意外にも」のそれと平行的である．

 ④ a. 意外にも太郎が遅刻した．

   b. 太郎が遅刻したのは意外だ．

③a, ④aにおいては，「太郎が遅刻した」という事態あるいは命題に対する
話者の「めずらしい」あるいは「意外だ」という心的態度が副詞の形で表され，
③b, ④bにおいては，それが対応する形容詞あるいは形容動詞の形で表されて
いるわけである．

 以下の議論では，日英語の頻度副詞「しばしば」と"often"を主な考察対象
とし，同要素の「話し手の主観を表す」という意味特徴がその振る舞いに反映
されていることを見ていく．

1. 意志的な表現との共起関係

 主観的な評価を表す連用修飾成分は，意志的な表現とは共起しにくいといわ
れている．

 ⑤ 太郎はいっぱいごはんを食べる．

 ⑥ 太郎はかなりごはんを食べる．

「いっぱい」と「かなり」は，ともに数量の多さを表す連用修飾成分であるが，
「かなり」は主観的な評価を表すので，以下に見られるように意志的な表現に
はなじまない．

 ⑦ 毎日，いっぱいごはんを食べましょう．

 ⑧ ？毎日，かなりごはんを食べましょう．

 ⑨ たまには，いっぱいごはんを食べたい．

⑩　？たまには，かなりごはんを食べたい.

次に，連用修飾成分にかぞえられる頻度副詞について見てみよう.

⑪　太郎はときどき花子と会う.

⑫　太郎はたまに花子と会う.

⑬　太郎はしばしば花子と会う.

頻度副詞「ときどき」「たまに」「しばしば」を意志的な表現とともに用いると以下のようになる.

⑭　これからもときどき会いましょう.

⑮　これからもたまに会いましょう.

⑯　？これからもしばしば会いましょう.

先に見た主観的な評価を表す連用修飾成分，「かなり」が意志的な表現と共起しにくかったのと同様に「しばしば」も意志的な表現とともに用いられると不自然さを生じる. 次例についても同様である.

⑰　ときどき美術館に行きたいなあ.

⑱　たまに（は）美術館に行きたいなあ.

⑲　？しばしば美術館に行きたいなあ.

いうまでもないことであるが，⑯，⑲の不自然さは⑳，㉑の不自然さとは性格が異なる.

⑳　？これからもまれに会いましょう.

㉑　？まれに美術館に行きたいなあ.

⑳，㉑の不自然さは，ごく低い頻度で会うことを提案したり，ごく低い頻度で望ましい事態が実現することを望んだりすることから生じたものである.

では，英語の頻度副詞について見てみよう.

㉒　John sometimes meets Mary.

㉓　John meets Mary occasionally.

㉔　John meets Mary often.

頻度副詞 "sometimes", "occasionally", "often" を意志的な表現と共起させると以下のようになる.

㉕　Let's sometimes go out together.

㉖　Let's go out together occasionally.

㉗　? Let's go out together often.

㉗は㉕，㉖と比べて容認度がやや落ちるように思われる．さらに，㉘〜㉚を見られたい．

㉘　I want to go to the museum sometimes.

㉙　I want to go to the museum occasionally.

㉚　? I want to go to the museum often.

"Often"は「しばしば」と同様に意志的な表現とは共起しにくく，主観性を担った副詞であると考えられそうである．

2. 感嘆文

"Often"は，感嘆文に現れることができる．

㉛　＊How sometimes John publishes books!

㉜　＊How occasionally John publishes books!

㉝　How often John publishes books !

㉛，㉜と㉝の容認度の違いは程度を問題にできるか否かによるものではない．以下に見られるように，"occasionally"は"often"と同様に"very"によって修飾されうる．

㉞　＊John publishes books very sometimes.

㉟　John publishes books very occasionally.

㊱　John publishes books very often.

1980年の中右の研究では，感嘆詞が話者の発話時における心的態度を表明するためにのみ存在していることから，これをモダリティ表現であるとしている．㉝のような感嘆文が可能であるという事実は，"often"が主観性を担った副詞であるという見方の妥当性を支持するものであると思われる．「しばしば」も感嘆文に現れることができそうである．

㊲　＊太郎は何とときどき競馬に出掛けることか．

㊳　＊太郎は何とたまに競馬に出掛けることか．

㊴　太郎は何としばしば競馬に出掛けることか.

先の "often" についての議論が「しばしば」にもあてはまる.

3. "Enough" との共起関係

"Enough" は，話し手の心的態度を表す副詞，つまり主観性を表す副詞とともに用いられることがある.

㊵　Surprisingly enough, John passed the exam.

㊵は，"enough" がなくても容認度は変わらないが，この種の副詞の中に "enough" なしでは不自然となるものもある. ㊶a, b および㊷a, b は，1971 年の Schreiber の研究であげられている例である.

㊶　a.　? Oddly, John was at fault.

　　b.　? Strangely, John was at fault

㊷　a.　Oddly enough, John was at fault.

　　b.　Strangely enough, John was at fault.

以下に見られるように，"often" は先に見た話者の主観を表す副詞と同じように "enough" とともに用いられうる.

㊸　Somehow, the makers of branded merchandise always manage to convince customers that brand names stand for quality. <u>Often enough</u>, that claim is true. (*Newsweek*, April 19th, 1993)

"Sometimes"，"occasionally" 等はこのような形で "enough" とともに用いられることはない.

㊹　＊'Sometimes enough, that claim is true.

㊺　＊'Occasionally enough, that claim is true.

1993 年の澤田の研究で指摘されているように，話者の主観を表す文副詞は疑問のスコープには入らない. ㊻は，先述の澤田の研究よりとった.

㊻　Did he strangely answer the question?

㊻の "strangely" は様態副詞として解釈され，文副詞としての解釈が与えられることはない. したがって，㊼では "strangely enough" が文副詞としてしか解

釈されないため不自然となる.

㊼　？？ Did he strangely enough answer the question?

同様に，㊸を疑問化すると不自然な文となる.

㊽　？ Is that claim often enough true?

もちろん，述語を修飾する“often”であれば問題なく疑問のスコープに収まる.

㊾　Do you often go to the library?

頻度副詞“often”は，話し手の主観を表す文副詞と似通った振る舞いを見せるのである.

英語の“enough”に相当するような表現が日本語にも存在するか否かについては判然としないが，先に見た澤田の研究で「話し手の主観的な命題態度をマークする機能を持つ助詞」とされている「も」をあげることができるかもしれない．いわゆる感動・詠嘆の「も」がこれにあたる．次例は，澤田の研究であげられている例であるが，「いさましく」が「も」を付加されることによって文副詞として解釈され，疑問のスコープに収まらなくなっている.

㊿　ウォストン博士はいさましく／？？いさましくも燃えさかるビルに飛び込んでいったのですか？

このような「も」は，小論で考察している瀕度副詞「しばしば」には付加されない.

(51)　しばしば／＊しばしばも，太郎は便りをよこす.

先に第 1 節で見た「めずらしく」には「も」が付加しうる.

(52)　めずらしく／めずらしくも，太郎が便りをよこした.

4. 分裂文における焦点化の可能性

分裂文における副詞類の焦点化については，意見が分かれているようである．例えば，『新英語学辞典』は副詞類は文副詞を除き分裂文の焦点になれるとして(53)のような例をあげている.

(53)　It was quietly that John walked up to Mary.

　一方，1985年のQuirk *et al.*の研究では，様態付接詞は通常分裂文の焦点とはなりえないが，それが修飾語を含む場合や，それを含む文が疑問文あるいは否定文の場合には容認可能性が高まるとされている．⑭～⑲はQuirk *et al.*の研究であげられている例である．

⑭　＊It was categorically that they were told that no more oil would come from the wreck.

⑮　Was it categorically that they were told that no more oil would come from the wreck?

⑯　? It's in the French style that they cook.

⑰　It isn't in the French style that they cook.

⑱　? It was slowly that she cooked the eggs.

⑲　It was so slowly that she cooked the eggs.

　では，頻度副詞"often"の分裂文における焦点化の可能性について見てみよう．

⑥　It is often that John skips the class.

㉑　＊It is sometimes that John skips the class.

㉒　? It is occasionally that John skips the class.

　"Often"は，分裂文の焦点の位置に現れうる．この事実は，"often"が話し手の主観を担った要素であるために分裂文の「焦点＋前提」あるいは「新情報＋旧情報」といった情報構造になじみやすく，同構文の焦点の位置に現れることが可能となっていると考えることで説明できるように思われる．日本語の分裂文においては，副詞の焦点化は不可能である．

㉓　＊太郎が起きたのは早くだ．

㉔　＊太郎が花子に近づいたのは静かにだ．

　「しばしば」は，分裂文の焦点の位置に現れうる．

㉕　太郎が授業に遅れるのはしばしばだ．

㉖　＊太郎が授業に遅れるのはときどきだ．

㉗　＊太郎が授業に遅れるのはたまにだ．

　この事実についても，先の"often"の場合と同様に，「しばしば」が話者の心

的態度が表された主観的な表現であるために日本語の分裂文の「前提＋焦点」あるいは「旧情報＋新情報」といった情報構造になじみやすいためと考えたい．ある要素が主観的な表現か否かということが分裂文における焦点化の可能性に関わってくるという現象は，理由を表す副詞節「〜から」にも見られる．

　　⑱　太郎が欠席したのは風邪をひいたからだ．

　　⑲　＊太郎が欠席したのは風邪をひいたのでだ．

　1951 年の永野の研究や 1977 年の Nakada の研究等によれば，「〜ので」が因果関係に立つ事柄を客観的に一つの事態として叙述するのに対して，「〜から」は理由や根拠を主観的に説明するものである．⑱のような文は，「〜から」が⑲の「〜ので」と違って話者の主観，つまり新情報を与えているという点で分裂文の情報構造と共通している．このため，副詞節「〜から」が分裂文の焦点の位置に現れうるのだと考えられる．

　"Often" や「しばしば」が主観性を伴いうるとはいっても，いわゆる価値判断の副詞のように命題成分のテンス，アスペクトの制約から自由であるわけではない．1980 年の中右の研究で述べられているように，⑳〜㉓において "unfortunately" と「運悪く」はどのようなテンス，アスペクトとも共起することができ，テンス，アスペクトの指示する時点にかかわりなく，発話時と同時的な現在時を含意している．

　　⑳　a.　Unfortunately, I will lose my bet after all.

　　　　b.　運悪く，僕は結局かけに負けるだろう．

　　㉑　a.　Unfortunately, it's raining.

　　　　b.　運悪く，雨が降っている．

　　㉒　a.　Unfortunately, he's already gone.

　　　　b.　運悪く，彼はもう行ってしまってここにはいない．

　　㉓　a.　Unfortunately, he forgot his keys.

　　　　b.　運悪く，彼は鍵を忘れた．

ここまで議論してきた "ofteft" あるいは「しばしば」にはこのような含意はない．

5.　4章のまとめ

　日英語の頻度表現"often"と「しばしば」について，意志的な表現との共起関係，感嘆文における生起の可能性，"enough"との共起関係，分裂文における焦点化の可能性等の分析を行い，これらの表現が主観性を伴うことが分かった．

第5章

日英語の非限定的修飾節の構文における機能について

　名詞修飾節は，構造的な観点および意味的な観点から大きく二つに分けることができる．構造的な観点からは，①のように被修飾名詞と修飾節中の述語が一つの文の構成要素であるような関係にあるものと，②のようにそのような関係にないものとに区別されうる．

　　①　太郎が殺した女／ the woman whom John killed
　　②　太郎が女を殺した事実／ the fact that John killed the woman

①では，被修飾名詞「女」あるいは"the woman"と述語「殺した」あるいは"killed"の間に「女を殺した」あるいは，"killed the woman"といった関係が認められるが，②では，「事実」あるいは"the fact"と「殺した」あるいは"killed"の間にそのような関係は認められない．

意味的な観点からは，③のような限定的修飾節／ Restrictive Relative Clause と④のような非限定的修飾節／ Nonrestrictive Relative Clause を区別することが可能である．

　　③　英語が話せる人／ the man who can speak English
　　④　英語が話せる太郎／ John, who can speak English

　限定的修飾節とは，被修飾名詞の指示対象を限定するものであり，③では，「人」あるいは"the man"が「英語が話せる」あるいは"who can speak English"という修飾表現によって，その指示対象を限定されている．これに対して非限定的修飾節とは，被修飾名詞の指示対象を限定しないものであり，④では，「英語が話せる」あるいは"who can speak English"という修飾節の有無にかかわらず，被修飾名詞「太郎」あるいは"John"の指示対象は一定している．

　本章では，④のような日英語の非限定的修飾節がどのような機能を果たして

いるかを構文レベルで考察する.

　先に述べたように，非限定的修飾節は，被修飾名詞を限定しないわけであるが，それでは同修飾表現は，どのような機能を果たしているのであろうか. 1985 年の Quirk *et al.* の研究には，以下のような説明が見られる.

> "Adverbial participle and verbless clauses without a subordinator are supplementive clauses; like nonrestrictive relative clauses and clauses in an and-coordination, they do not signal specific logical relationships, but such relationships are generally clear from the context. According to context, we may wish to imply temporal, conditional, causal, concessive, or circumstantial relationships. In short, the supplementive clause implies an accompanying circumstance to the situation described in the matrix clause."

　1989 年の益岡・田窪の研究では，非限定的修飾節は，しばしば主節に対する因果関係を表すとして⑤のような例があげられている.

　　⑤　太郎は，人間関係で苦労している花子に同情した.

　⑤では，「（花子が）人間関係で苦労している」ことと「太郎が花子に同情した」こととの間に因果関係があるという.

　1986 年の金水の研究では，⑥〜⑨のような例があげられており，非限定的な連体成分の機能は，背景，理由，詳細説明などの情報を主文に付加するところにあるとされている.

　　⑥　どの映画を見ようかと家族で相談した結果，今回は<u>息子が好きな</u>映画を見ることにした.

　　⑦　日曜日に何をしようかと家族で相談した結果，今回は<u>息子が好きな</u>映画を見ることにした.

　　⑧　どの映画を見ようかと家族で相談した結果，今回は φ 映画を見ることにした.

　　⑨　日曜日に何をしようかと家族で相談した結果，今回は φ 映画を見ることにした.

　⑦，⑨より，連体部分「息子が好きな」は，映画を選定するに当たっての理由のようなものを付加的に説明している，という.

　本書で先に見たような先行研究に従って，構文における日英語の非限定的修飾節の機能は，「主文に対して何らかの形で関与的な情報を表す」といったものであるという立場を取る．以下で日英語の非限定的修飾節の主文に対する関与性のあり方を詳細に分析する．

1.　理由・根拠

　先にあげた 1989 年の益岡・田窪の研究や 1986 年の金水の研究でも指摘されているように，非限定的修飾節は，主節に対する理由，根拠を表すことがある．類例を以下にあげておく．

　　⑩　だが，いまもし気骨の斎藤隆夫ありせば，竹下批判の先頭に立つのではないでしょうか．軍の政治介入に身をもって抵抗した斎藤が，暴力団の政治介入を許すはずもありません．（毎日新聞 1992 年 12 月 13 日）

　　⑪　キャリアウーマンのように，これという仕事を持っているわけでもない私は，三十歳を目の前にして，人生のパートナーが見つからないもどかしさを感じている．（毎日新聞 1992 年 12 月 13 日）

　次例では，形式上修飾節が主文と切り離されてはいるが，主文（「ふたりは，まるで正反対のタイプではないか」）に対して関与的な情報を表しているとみなしてよい．

　　⑫　矢野美和子と西野幸子との対比を裕介は興味深く思った．ふたりは，まるで正反対のタイプではないか．ひとりで外国へいき，ひと月以上かけて結論をやっと出した幸子．冗談ともとれるような結婚の申しこみに対して，その場で，きわめて気軽に即答した美和子．対照的なふたりについてぼんやりと考えていると，裕介は，やがてその対照が自分にむけて戻ってくるのを自覚した．（片岡義男『長距離ライダーの憂鬱』）

　英語の非限定的修飾節（Nonrestrictive Relative Clause）についても同様の機能が観察される．1985 年の Quirk *et al.* の研究では，⑬のような例について，

非限定的修飾節の部分が "because he had been very helpful" あるいは "for being very helpful" といった表現と置き換え可能であるとされている.

⑬　Ann thanked her teacher, who had been very helpful.

以下に, いくつか類例をあげておく.

⑭　The islanders, <u>who endured decades of KMT oppression before winning a significant voice in the government</u>, want to eradicate the old inequalities. (*Newsweek*, Feb. 8th, 1993)

⑮　Kim Young Sam has plenty of reason to be grateful to Roh, <u>who embraced Kim as his successor back in 1990 when Kim shook up South Korean politics by joining the ruling party</u>. (*Newsweek*, March 1st, 1993)

⑯　Ironically, however, Miyazawa, <u>whose power base within the Liberal-Democratic Party is weak and who is not good at managing party affairs</u>, apparently had to rely on the old guard in his efforts to modernize the party. (*Mainichi Weekly*, Jan. 9th, 1993)

2. コメントに対する重みづけ

本節で考察する非限定的修飾節は, 次のようなものである.

⑰　では, 感染者が見つかった時のカウンセリングや, 病院の対応はどうするのか.「今まで（感染者は）出ていないし, その時のことは分かりません」<u>日本で初めて母子感染の発症例を報告した神奈川県立こども医療センター免疫感染科の奥村伸彦医師</u>は,「検査後のフォローアップ体制があれば, 出産の管理や胎児の治療方針が決められ, 患者さんにとっても利益がある. それが大切なのに, 感染が怖いから検査する, では本末転倒だ」と指摘する.（毎日新聞 1992 年 12 月 4 日）

　本例では, 下線を施した非限定的修飾節が付加されることで, コメントの部分（「検査後の～本末転倒だ」）の信憑性が高められている. あるいは, 被修飾名詞であるところの人物（奥村伸彦医師）がそのようなコメントを行うに足る

人物であることが示されているといえよう．次の⑱，⑲，⑳についても同様である．

⑱　近畿地区を主勤務地とする運輸会社社員（同 40 歳）は連日 10 ～ 20 時間の拘束を強いられるうえ，時間帯がまちまちな変則勤務．（中略）労基署はやはり「勤務が過重だったとはいえない」とした．<u>70 年代から病気の社会的背景を研究している</u>田尻俊一郎・西淀病院副院長（大阪市）は「すべてを労災とするわけにはいかず，認定基準は単に線引きのためだけ」とみる．（毎日新聞 1992 年 12 月 4 日）

⑲　新田さんは，数年にわたって過酷な勤務を続けている．日常的な長時間労働による「蓄積疲労」は補償の枠外なのか．<u>笑子さんが決定を不服として，労災申請の「二審」にあたる労働基準監督官に審査請求するのを支えた</u>脇山拓弁護士は「基準に科学的根拠はない．認定締め出しというしかない」と批判する．（毎日新聞 1992 年 12 月 3 日）

⑳　この「お兄ちゃんの優勝」に<u>父が歌人・斎藤茂吉，弟が人気作家の北杜夫さん，「元気な長男よ，よみがえれ」などと訴える「長男の本」の著書もある</u>精神科医，斎藤茂太さん（77）は，「若花田は父が偉大で弟が同じ職業である上に常に華やかな光を浴びているという普通の人なら耐えられないようなプレッシャーがあるはずなのにポーカーフェースを続けている．実はボーッとしているのではなく人間的な素晴らしさを内に秘めているのだと思う．これからも競争しながらお互いを立てどんどん伸びていってほしいですね」と弟に先を越され続けてきた長男の巻き返しにエールを送っている．（毎日新聞 1993 年 3 月 28 日）

英語の非限定的修飾節についても同様の機能が認められそうである．次例を見られたい．

㉑　Li has recently made himself more palatable to the party's reform wing by expressing support for fast-paced modernization. Orville Schell, <u>who has written widely on Chinese politics</u>, said the party elders may simply be saddled with Li because he is so closely identified with the crackdown. (*Mainichi Weekly*, April 10th, 1993)

㉒ Such rationalizations gave scant comfort to the 800 destitute men who stood in line one afternoon last week in Osaka for a few onigiri rice balls. "It has never been this bad," says Hiroshi Inagaki, <u>whose day-labor union runs the rice kitchen</u>. (*Newsweek*, May 3rd, 1993)

3. 付帯状況

主節の事態が起こった時に，被修飾名詞で表される人や物がどのような状況にあったかを表す．

㉓ 「今日も矢野さんは魅力的ですね」裕介が言った．<u>壁に背をもたせかけるように立っていた</u>美和子は裕介を見た．（片岡義男『長距離ライダーの憂鬱』）

本例の非限定的修飾節（「壁に背をもたせかけるように立っていた」）は，美和子が裕介を見た時に美和子がどのような状況にあったかを表している．以下にあげる㉔，㉕が類例である．

㉔ <u>囲炉裏脇に頭をうなだれて座った</u>鷹四は，猟銃の折り曲げた銃身をそれがあたかもかれの永年習熟した作業であるというふうに片手でたくみにみがいていた．（大江健三郎『万延元年のフットボール』）

㉕ はじめ妹は，<u>酔っ払っている</u>おれを面白がって笑っていたんだ．（大江健三郎『万延元年のフットボール』）

ただし，㉓，㉔と㉕の間には一線を画する必要があると思われる．㉕では，下線部が「妹がおれを面白がって笑っていた（こと）」と「（おれが）酔っ払っていた（こと）」との間に因果関係が認められるといった解釈も可能であるからである．

同様の機能は，英語の非制限的修飾節にも認められる．1985 年の Quirk *et al.* の研究では，㉖の下線部が "when it was enveloped in fog" といった表現に置き換えられるとされている．

㉖ He got lost on Snowdon, <u>which was enveloped in fog</u>.

次の㉗の非制限的関係節も付帯状況を表しているとみなしてよい.

㉗　Early on in the Senate session senators from the left-wing opposition and the Lombard League shouted the premier down with chants of "Resignation! Resignation!" and threw fake money in protest at political corruption. Amato, <u>who was opening a debate on the broadening of an official inquiry into one of the country's worst ever corruption scandals</u>, was forced to interrupt his speech to denounce what he called "this intolerable intolerance." (*Mainichi Weekly*, March 27th, 1993)

4.　対比

1985年のQuirk *et al.*の研究によると，㉘は，意味的に㉙と等価であるという.

㉘　My brother, who has lived in America for over 30 years, can still speak Italian.

㉙　My brother can still speak Italian although he has lived in America for over 30 years.

この場合，英語の非限定的修飾節は，主節に対して対比的な情報を表しているといえる. 以下の㉚, ㉛についても同様に考えてよい.

㉚　Gibson, <u>who first gained international attention as the warrior-hero in the Australian film Mad Max and consequently starred in Lethal Weapon 1, 2 and 3</u>, has more recently been showing off a hidden talent as a serious actor. (*Mainichi Weekly*, April 3rd, 1993)

㉛　Daffodils, for example, <u>which normally bloom only in spring</u>, might be programmed to last through summer. (*Mainichi Weekly*, March 27th, 1993)

日本語の非限定的修飾節も主節に対して対比を表すことがあるだろうか. 次例を見られたい.

㉜　しかし，農業を犠牲にして工業を発展させ，世界の富をかき集めた英
　　国が，やがて米独仏日の工業発展によって海外市場を失い，経済的に
　　衰退した前例をみれば，全く同様の政策をとっている日本経済の将来
　　に対して，不安を感じざるを得ない．（毎日新聞 1993 年 3 月 18 日）

　本例は，「英国は，農業を犠牲にして工業を発展させ，世界の富をかき集め
たが，やがて米独仏日の工業発展によって海外市場を失い，経済的に衰退し
た」というように書き換えられる．次の㉝についても同様である．

㉝　酒は全く嗜まない宮尾さんが，酒造りの世界を舞台に書いた恋の物語
　　だ．（毎日新聞 1993 年 9 月 10 日）

　本例についても「宮尾さんは，酒は全く嗜まないが，酒造りの世界を舞台に
恋の物語を書いた」といった書き換えが可能である．日本語の非限定的修飾節
にも㉘，㉚，㉛の英語の非限定的修飾節と同様の機能を認めることは可能であ
ると思われる．

5.　等位接続

　よく知られているように，英語の非限定的修飾節を含む文は，等位接続され
た文に置き換えることができる場合がある．㉞がそのような例である．

㉞　a.　Then she met John, who invited her for lunch.

　　b.　Then she met John, and he invited her for lunch.

　1985 年の Quirk *et al.* の研究によれば，英語の非限定的修飾節は，意味的に
等位接続された節と等価であると考えられ，文全体を先行詞とする場合には特
にそうであるとして㉟のような例をあげている．

㉟　Pam didn't go to the show, which is a pity.

　㉟の which 以下は，"and that is a pity" と等価である．

　英語の非限定的修飾節を含む文が等位接続された文で置き換えられるという
ことは，同要素の独立性の高さを示すものであるが，1990 年の菊地の研究で
は，英語の非限定的修飾節が文字どおり独立文になっているような例が存在す
ることが指摘されている．㊱は，この研究であげられている例である．

㊱ Something had happened that simply would not fit into her pattern of beliefs, so she would try to avoid any reminders of it. <u>Which meant having as little to do with Floyd as possible.</u>

㊲ The office of President of the United States has attracted the attention of American directors and actors almost since the invention of movies. <u>Which is not to say that attention has always been paid to the truly great men who've occupied that office</u>: although George Washington is referred to as the "father of his country" and Thomas Jefferson is regarded by historians as one of the best presidents in American history, neither has been the subject of a major film. (*Mainichi Weekly*, Sept. 11th, 1993)

　さて，日本語の非限定的修飾節にもこのような等位接続機能とでもいったものが認められるだろうか．日本語の非限定的修飾節は，文全体を先行詞とすることはないので，㉟に相当するようなものは存在しない．また，㊱，㊲のように独立文になることもない．関係代名詞が存在せず，被修飾名詞の左方に現れる日本語の非限定的修飾節に接続機能を認めることには無理があるのかもしれないが，次の㊳のような例は，等位接続機能を持つ英語の非限定的修飾節に相当するものとみなして良いのではないだろうか．

㊳　舞台，映画にまたがる 75 年に及ぶ活躍のあと静かに引退生活を送っていた世紀の大女優リリアン・ギッシュが，2 月 27 日帰らぬひととなった．99 歳だった．<u>幼い時から子役として舞台に立ち，1912 年，偶然，後にアメリカ映画の父といわれた D.W.グリフィス監督と出会い，初対面のその時可憐な容姿，女優としての資質を認められ，妹のドロシーとともにその日からカメラの前に立たされ映画女優の道を歩み出した</u>リリアンは，グリフィスの多くの短編に出演，大作に専念するようになってからのグリフィスの重要な作品すべてに主演女優として好演技とスターとしての魅力をみせた．（毎日新聞 1992 年 3 月 3 日）

　本例は，意味的には「リリアンは，幼い時から子役として舞台に立ち，…映

画女優の道を歩みだし，グリフィスの多くの短編に出演，…好演技とスターと
しての魅力をみせた」というような連用形接続の文と等価であり，㉞の英語の
非限定的修飾節と同様に，主節との間に継起関係が読み取れる．本章で観察し
た例と違って，下線部が主節に対して関与的な情報を表している，あるいは従
属的であるというよりは，下線部と「グリフィスの多くの短編に出演，…好演
技とスターとしての魅力をみせた」の部分が被修飾名詞「リリアン（は）」を
介して同じ資格で結び付けられているように思われる．次の㊴を見てみよう．

㊴　文壇の最長老，にこやかな笑顔をたやさず，いつも平等に庶民の生活
　　の味方となって笑いとペーソスの文学を形づくった井伏鱒二さんが
　　10日午後，逝った．柔軟な筆致のその文体の中には，どこかに権威
　　や悪に対する刃が，そっと隠されてもいた．怒りを沈潜させ，決して
　　声高には叫ばない原爆文学の傑作「黒い雨」を生んだ井伏さんは，青
　　春を過ごした早稲田を愛し，60年余住みついた荻窪の町を愛し，酒
　　と散策，そして釣りを愛しながら，誠実な文人の生涯を閉じた．（毎
　　日新聞 1993 年 7 月 11 日）

　本例においても下線部を含む文を「井伏さんは，怒りを沈潜させ，決して声
高には叫ばない原爆文学の傑作「黒い雨」を生み，青春を過ごした早稲田を愛
し，…誠実な文人の生涯を閉じた」というような連用形接続された文に書き換
えても意味は変わらず，下線部と「青春を過ごした早稲田を愛し，…誠実な文
人の生涯を閉じた」の部分が被修飾名詞「井伏さん（は）」を介して対等の関
係で接続されたような構造になっているように思われる．次の㊵についても同
様の見方が可能である．

㊵　横浜港から 3 週間，氷川丸で太平洋を横断しシアトル港に着いた私
　　は，留学先のオハイオ大学へ行くべく Fulbright の仲間と別れ，ひと
　　り Pullman の寝台車で Chicago へむかった．いよいよ私ひとりのアメ
　　リカ留学がはじまると思うと少し緊張した．（*Mainichi Weekly*, April
　　10th, 1993）

　本例は，連用形接続された「私は，氷川丸で太平洋を横断しシアトル港
に着き，留学先のオハイオ大学へ行くべく Fulbright の仲間と別れ，ひとり

Pullmanの寝台車でChicagoへむかった」といった文と意味的に等価であり，㉞，㊳と同様に下線部と主節との間に継起関係も読み取れる．

6．5章のまとめ

　日英語の非限定的修飾節の機能を構文レベルで考察した結果，以下の諸点が明らかになった．

　構文における日英語の非限定的修飾節の基本的な機能は，主節に対して関与的な情報を付加することであるが，主節に対する関与性の在り方を詳細に見てみると，主節が表す事態に対する理由・根拠を表したり，主節で提示されるコメントに対する重みづけを行ったり，主節で表される事態が生じた時に被修飾名詞で表される人や物がどのような状況にあったかを表したり，主節に対して対比的な情報を表したりしていることが分かる．英語の非制限的関係節には，等位接続機能が認められるが，日本語の非限定的修飾節にも類似の機能が観察される．

　次章では，談話における日英語の非限定的修飾節の機能について分析を行う．構文レベルでの分析においては，非限定的修飾節と主節との関係を見たわけであるが，談話レベルで分析する際には，同要素と先行文脈との関係を見ていくことになる．

第**6**章

日英語の非限定的修飾節の談話における機能について

　前章でも見たように，名詞修飾節には，①のように被修飾名詞の指示対象を限定する限定的修飾節と，②のように被修飾名詞を限定しない非限定的修飾節がある．

　　①　日本語が話せる人

　　②　日本語が話せる花子

　①では，「人」が「日本語を話せる」という修飾表現によって，その指示対象を限定されている．これに対して，②では，「日本語が話せる」という修飾節の有無にかかわらず，「花子」の指示対象は一定している．英語の名詞修飾節すなわち関係節についても同様の区別が認められるが，③④から明らかなように，日本語と違って形式上の区別も存在する．

　　③　the man who can speak Japanese

　　④　Mary, who can speak Japanese

　日英語の非限定的修飾節の機能を構文レベルで考察した第5章では，同修飾節の基本的な機能を主節に対して関与的な情報を付加することであるとした上で，主節に対する関与性の在り方を詳細に観察した．それによって，同要素が主節が表す事態に対する理由や根拠を表したり，主節で提示されるコメントに対する重みづけを行ったり，主節で表される事態が生じた時に被修飾名詞で表 される人や物がどのような状況にあったかを表したり，主節に対して対比的な情報を表したりしていることが明らかになった．さらに，英語の非制限的関係節には等位接続機能が認められるが，日本語の非限定的修飾節にも類似の機能が観察された．

　本章では，日英語の非限定的修飾節が談話においてどのような機能を果たし

ているかを明らかにする．構文レベルでの分析においては，非限定的修飾節と
主節との関係を見たわけであるが，談話レベルで分析する際には，同要素と先
行文脈との関係を見ていくことになる．

1. 被修飾名詞の談話への新規導入の円滑化

　日本語の非限定的修飾節を先行文脈との関係に注目して観察してみると，そ
の主たる機能の一つが先行文脈に対して関与的な情報を表し，被修飾名詞が談
話にスムーズに導入されることを助けることであることが分かる．次例を見ら
れたい．

　　⑤　サミットの元祖は 1975 年 11 月に行われた第 1 回先進国首脳会議，
　　　ランブイエ・サミットである．会議を提唱したジスカールデスタン仏
　　　大統領の貴族趣味も手伝って 3 日間，首脳はランブイエ城で起居を
　　　ともにし，俗世間と絶縁した．ローマ法王を選挙するため，枢機卿は
　　　外界から遮断され，出席者の 3 分の 2 の票が得られるまで投票を継
　　　続する．これがコンクラーベと呼ばれる方法だ．ジスカールデスタン
　　　大統領が採用したのは，朝から晩まで顔を突き合わせて話をするコン
　　　クラーベ的合宿．<u>ランブイエ城に閉じ込められた三木首相</u>は，城の柵
　　　ごしに日本の役人を見て「おれは大丈夫だ．心配するな」と声をかけ
　　　たそうだ．（毎日新聞 1993 年 7 月 8 日）

　本例において，「三木首相」は，談話に初出の要素である．下線を施した非
限定的修飾節は，先行文脈，特に「首脳はランブイエ城で起居をともにし，俗
世間と絶縁した」の部分に対して関与的な情報を表している．このような非限
定的修飾節が付加されることで，被修飾名詞「三木首相」が談話にスムーズに
導入されていると考えられる．非限定的修飾節を取り去ると先行部分とのつな
がりが悪くなり，当該の構文のすわりが悪くなる．以下にあげる⑥⑦の非限定
的修飾節にも同様の機能が認められる．

　　⑥　総合職だ女性管理職だともてはやされたのは，なにも均等法で経営者
　　　がとつぜん男女平等に目ざめたわけでも何でもない．たんに人手不足

とバブルのおかげだった，というおハナシ．不況がくれば職場の男女
平等など，採用の時点でふきとんでしまう．『ワーキングウーマンの
サバイバルガイド』（学陽書房）という本を昨年出版した福沢恵子さ
んと，最近一緒に仕事をした．「働く女性が落ち込みそうになったと
き読む本」と副題がついた本書は，彼女自身の職場体験を多くのワー
キングウーマンとの面接をつうじて，働く女性にこんせつていねいに
「こんな時，どうする？」の実践的ノウハウを伝えている．（毎日新聞
1993 年 3 月 30 日）

⑦　大阪のベッドタウン，高槻市のある中学校は，新設された年に開業し
た新幹線を校歌に歌い込んだ．近くを走る新幹線に希望の明日を託し
たもので，高度成長期の高ぶった気分を映した歌だった．しかし，新
幹線は騒音をまき散らす．「世界に誇る新幹線」という歌詞の校歌は
どうも…，という声も出て，山川など近郊の自然を歌った校歌に作り
かえられた．モダニズムは校歌になじみにくいという一例だろう．甲
子園球場に流れる校歌とともに盛り上がる春のセンバツは 26 日開幕
する．5 年ごとの記念大会にあわせて，大会歌も阿久悠作詞・谷村新
司作曲の「今ありて」に変わる（毎日新聞 1993 年 3 月 9 日）．

さらに，次例を見られたい．（#は談話の冒頭部分であることを示す）

⑧　#明治末期の東京が舞台だ．芸者相手に恋文の代筆屋をいとなむ奈津
と，売れっ子作家涼月と…．ほのかな恋心と温かい人情が古き時代へ
の郷愁を誘う．27 日の第 2 回読売演劇大賞贈賞式で，最優秀作品賞
を受ける「恋ぶみ屋 一葉」（松竹）だ．しっとりと奈津役を演ずる杉
村春子さんが大賞・最優秀女優賞に輝く．新劇女優をめざして，故
郷・広島から上京した杉村さんが，築地小劇場に入ったのは 1927 年
（昭和 2）だった．（読売新聞 1995 年 2 月 22 日）

本例においては，最初の非限定的修飾節，「しっとりと奈津役を演ずる」が
先行部分に対して関与的な情報を表し，被修飾名詞，「杉村春子さん」の談話
への導入を円滑にしており，これに続いて現れる非限定的修飾節「新劇女優を
めざして，故郷・広島から上京した」は，主節に対して関与的な情報，つまり

付帯状況を表しているのが分かる．次の⑨でも，先行部分に対して関与的な情報を表して被修飾名詞の談話への導入を円滑化する非限定的修飾節に続いて，主節に対して関与的な情報（付帯状況）を表す非限定的修飾節が現れている．

⑨　♯パリの中心街に五つ星のブリストル・ホテルがある．10 年前ホテルの菓子部の調理場で小柄な日本女性が 20 キロ近い大ナベを抱えて奮闘していた．渋谷で小さな菓子教室を開いている加藤久美子さんは「疲労の 10 倍の発見と吸収があった」と振り返る．菓子作りに生きがいを見つけた加藤さんは当時，女性として初めて調理場入りを認められた．（読売新聞 1993 年 12 月 27 日）

英語の非限定的修飾節についても同様の機能が認められるようである．次例を見られたい．

⑩　Maybe you would want to stand in that receiving line only once a month. That's still thousands fewer guns in circulation, guns that might not get used to kill a "lovely girl" -or a man sleeping in his car by the side of the road. If you persuade other stars in other cities to try the same idea, you could really rack up some impressive statistics. You've tried to stay out of politics, but look at Sarah Brady, whose husband was shot during the 1981 assassination attempt on President Reagan. Her leadership is about to culminate in legislation, which is certainly a measurable result. (*Newsweek*, Oct. 18th, 1993)

本例においても，先に見た⑤〜⑨と同じように，下線を施した非限定的修飾節が付加されることで，被修飾名詞 "Sarah Brady" が談話にスムーズに導入されていることが分かる．以下の⑪⑫の非服定的修飾節についても同様の機能が観察される．

⑪　Mothers-in-law are supposed to be a headache, but mine had a brainstorm recently. Molly Lazar, who works with foster-care kids in Chicago, calls it "Handshakes for Handguns." Millions of people would love to meet you, and tens of thousands might part with something of value to do so. (*Newsweek*, Oct. 18th, 1993)

⑫　And they had access to the mother's milk of science: grant money. Taylor recalls walking into the ARPA director's office in February 1966 and asking for money.（中略）By 1971 there were nearly two dozen sites. Three years later there were 62 and, by 1981, more than 200. Lawrence Roberts, <u>who succeeded Taylor at ARPA</u>, is credited by many of his colleagues with being the true guiding force behind the network's development.（中略）By the early 1970s other countries wanted to join in. That meant a new technical challenge: how to link up networks around the world. Cerf, then a professor at Stanford University, and Kahn, <u>who was at ARPA</u>, developed a set of technical standards, called protocols, that multiple networks could use.

(*Newsweek*, Aug. 8th, 1994)

⑫において，"Taylor"は先行部分に既出の要素である．また，"Cerf, then a professor at Stanford University"という表現については，"Cerf, who was then a professor at Stanford University"といった非限定的修飾節に相当するものとは考えず，あくまでも同格表現であるとして，考察の対象からはずしている．

　先行文脈に対して関与的な情報を表す修飾節が付加されることによって被修飾名詞の談話への導入が円滑に行われるという小論の考え方と類似したものとしては，1979 年の Prince の研究で提唱されている "Anchoring" や 1990 年の Fox and Thompson の研究で提唱されている "Proposition-Linking" をあげることができる．1979 年の Prince の研究では以下のような例があげられ，「談話中の要素は，それを表す名詞句が修飾表現に含まれる別の名詞句（Anchor）によって談話中の他の要素に結び付けられる時，固定化（Anchored）される」とされている．

⑬　a guy I / John / the plumber / a woman I know knows

　本例では，"a guy"が"I"，"John"，"the plumber"あるいは"a woman I know"によって談話中に固定化されている．"Proposition-Linking"とは，1990 年の Fox and Thompson の研究によれば，「ある要素が先行文脈において形成された枠組によって既知の指示対象（Given referent）に結び付けられる」という

ことである．次の⑭が"Proposition-Linking"の例である．

⑭ The mother's sister is a real bigot. Y'know and she hates anyone [who isn't a Catholic].

さて，これまでに観察してきた非限定的修飾節は，談話の中程に現れていたが，非限定的修飾節と結び付けられるべき先行文脈は，言語的な文脈に限られず，同要素は談話の冒頭部分にも現れ得る．次例を見られたい．

⑮ #きのうの「納采の儀」のために小和田雅子さん宅を訪れた菅野弘夫東宮大夫は携帯電話を用意していた．儀式が済むと，その電話を取り出して皇太子さまに報告したそうだ．（毎日新聞 1993 年 4 月 13 日）

本例では，先行文脈が存在せず，先行文脈に関与的な情報を表す非限定的修飾節が付加されることで被修飾名詞が談話にスムーズに導入されるという先の分析があてはまらないように思われる．しかしながら，本例の場合は，言語的な先行文脈は存在しないものの，一般的な知識といった非言語的な文脈とのつながりが認められ，やはり非限定的修飾節による被修飾名詞の談話への新規導入の円滑化と考えてよかろう．以下にあげる⑯～⑱についても同様である．

⑯ #ハワイの砂浜に小麦色に日焼けした前田美波里を寝そべらせた化粧品の広告．今年のアカデミー賞の衣装デザイン賞に輝いた石岡瑛子さんは，1966 年にこの懐かしいポスターをつくった女性だ．化粧品のキャンペーンガールは色白美人に限るという固定観念を撃ち破り，当時としては大胆なポーズが話題にもなった．（毎日新聞 1993 年 4 月 1 日）

⑰ #米軍をはじめとする多国籍軍が軍事介入したソマリア．この国で生まれた 1,000 人の子どものうち 211 人が 5 歳になるまでに死亡している．5 人に 1 人強．驚くべき死亡率だ．（毎日新聞 1992 年 12 月 19 日）

⑱ #前回はバイオリン部門で諏訪内昌子さんが優勝したチャイコフスキー国際コンクールは，ソ連邦の崩壊で存続が危ぶまれたが，来年夏にモスクワで 10 回目の開催が決まった．1958 年から 4 年ごとに開かれ，国際的にも権威あるコンクール．（毎日新聞 1993 年 5 月 26 日）

　一方，英語の非限定的修飾節については，同要素が談話の冒頭部分に現れた実例が観察されない．すなわち，英語の非限定的修飾節は，言語的な先行文脈とは結び付きうるが，日本語の非限定的修飾節と違って，非言語的な先行文脈と結び付けられることはないようである．

　しかしながら，⑮〜⑱のような非限定的修飾節が非言語的な文脈に対して関与的な情報を表すとする小論の見方と異なる分析も行われている．1979年のAsano *et al.*の研究では，小論と同様に，日本語の非限定的修飾節が談話の冒頭に現れるのに対して，英語のそれは現れないという観察が示されている．しかし，小論の見方とは異なって，⑲のような非限定的修飾節が1978年のPrinceの研究で提示されている "Known Information" を表し，聞き手は知らないかもしれないが，周知の事実とされるような情報を表しているとされている．

　⑲　#約60人の米国人を人質にテヘランの米国大使館を占拠している学
　　　生らは6日，もし米政府が人質解放のために軍事的あるいはその他
　　　の行動をとるなら，人質を殺す，と警告した．

　1979年のAsano *et al.*の研究における主張は，日本語の非限定的修飾節は "Known Information" を表しうるが，英語の非限定的修飾節は "Known Information" を表さないというものであるが，1973年のLoetscherの研究では，⑳㉑のような例が示され，以下のように説明が与えられている．

　⑳　Fido escaped from the home of Dean Miller. He was caught by the
　　　campus police in the office of the Linguistics Department.

　㉑　Fido, who had escaped from the home of Dean Miller, was caught
　　　again by the campus police in the office of the Linguistics Department.
　　　"The information given in the non-restrictive relative clause sounds
　　　more like background information. (中略) If we read a sentence like
　　　24b) (=(21)), we are usually forced to assume that the fact mentioned
　　　in the relative clause has been disseminated in previous news."

　1973年のLoetscherの研究で指摘されていることが正しければ，英語の非限定的修飾節も日本語のそれと同様に "Known Information" を表しうるという

ことになり，同要素が談話の冒頭部分にも現れてよさそうに思われるが，この研究では，英語の非限定的修飾節が談話の冒頭部分に現れうるか否かについては言及されていない．小論の分析と 1979 年の Asano et al. の研究に見られる分析のどちらが妥当であるかについては，「非言語的な文脈に対して関与的な情報」および"Known Information"の概念規定の問題，日英語の固有名詞の扱われ方の違いの問題等を含めて，さらに検討する必要がある．

2. 非談話主題化

次例に見られるような非限定的修飾節については，前節で行った「先行文脈に関与的な情報を付加することによって被修飾名詞の談話への新規導入を円滑化する」といった分析があてはまらない．

⑳ ジェットさんは，現在 60 人いる，そうした出向社員の 1 人．エンジン回りの生産効率向上を，日本人部下 3 人を使って研究している．オフィスの会話はすべて日本語．会議で専門用語が必要な時だけ，通訳がつく．（中略）「確かに本田は日本で生まれた会社だが，米国ホンダでますますいい車を造って，世界中から喜ばれたい」．ブロンドの口ひげが似合うジェットさんだ．（毎日新聞 1993 年 9 月 28 日）

「ジェットさん」は，談話に初出の要素ではない．当然のことながら，第 5 章でそうしたように主節との関係で考えることもできない．類例として以下の㉓があげられる．

㉓ ただ「家庭を顧みず，自分の時間もなく，仕事に忙殺されるのでは寂しい」と思う．「出世することが男の夢かもしれないが，上へ行く人がうらやましいとも思わない」．（中略）サラリーマンにどっぷり漬かることを自分のどこかが拒んでいる．そんなもう一人の自分は，仕事と共生できる，自分なりの研究テーマを持ちたいと思っている．とはいうもののそれがいったい何なのか，まだわからない岩城さんだ．（毎日新聞 1993 年 7 月 23 日）

次の㉔，㉕は，先の 2 例と類似の例ではあるが，非限定的修飾節の部分が

先行部分をまとめあげるような内容を表している.

⑬　現在,　海外システム営業部門の第二推進課長として,　男 10 人,　女 3
人の課員を指揮する伊勢谷さんが,　入社 19 年のキャリアで得た「女
性と職業」の結論.「すべてを我慢する必要はないが,　男性社会の仕
組みの中で,　初めから抵抗すると長続きしない.　自分を生かすには,
生かせる状況を自分で作ること」休日は,　夫婦でテニス,　ゴルフ,　旅
行を楽しむ.　今年の夏は,　浅間高原のペンションを借りて過ごす計画
を立てている.　家事も手際よくなった.　<u>いつの間にか「家庭と会社の
総合職」になっている</u>伊勢谷さんである.（毎日新聞 1993 年 7 月 9 日）

⑭　「しかし,　やっぱり不自然」と,　石井さんは考える.「男の一人暮らし
も楽ではないが,　残された家族はもっと大変だ.　精神的にも物理的に
も,　頼れる男手がなくなるのだから」石井さんの単身生活は,　まもな
く 2 年目に入る.「2 年目からのほうが大変だよと,　体験者がアドバ
イスしてくれましてね.　体には気をつけようと思っています」.　<u>不自
然な生活に負けてなるかと,　腹を据える</u>石井さんだ.（毎日新聞 1993
年 3 月 19 日）

⑪～⑭のような例は,　談話の最後に見られることが多い.　このような非限定
的修飾節の機能をどのように分析すべきであろうか.　これまでの観察から明ら
かなように,　同要素は,　主節に対して関与的な情報を表してはいないし,　被修
飾名詞の談話への新規導入を円滑化することも行っていない.　⑪～⑭に見られ
るような非限定的修飾節を含む構文を使用することの狙いは,　情報を付加する
ことにあるのではなく,　連体修飾構造を作ること自体にあるように思われる.

　つまり,「ジェットさんは,　ブロンドの口ひげが似合う」とか「伊勢谷さん
は,　いつの間にか「家庭と会社の総合職」になっている」といった表現に含ま
れる「ジェットさん」あるいは「伊勢谷さん」を例文中にあるような連体修飾
構造の被修飾名詞の位置にもって来ることに狙いがあると考えたい.　そして,
そうすることによって「ジェットさん」あるいは「伊勢谷さん」がいわゆる
"Discourse Topic" ではなくなり,　談話がしめくくられるといった効果が出て来
るのではないかと思われるのである.　実際,　先の例において,「ジェットさん

は，〜」あるいは「伊勢谷さんは，〜」といった表現を用いると，「ジェットさん」あるいは「伊勢谷さん」についての記述がさらに続くような感じがして文脈にそぐわなくなってしまう．このような非限定的修飾節を含む連体修飾構造形成の在り方をここでは（要素の）非談話主題化と呼んでおく．英語の非限定的修飾節がこのような目的で使われることはないように思われる．㉒〜㉕のような例を，英語の非制限的関係節に置き換えることは不可能であろう．

3．6章のまとめ

　日英語の非限定的修飾節の機能を談話レベルで考察した結果，以下の諸点が明らかになった．

　談話において日本語および英語の非限定的修飾節がどのような働きをしているかを観察してみると，同修飾節が先行文脈に対して関与的な情報を表し，被修飾名詞の談話への新規導入を円滑化していることが分かる．ただし，日本語の非限定的修飾節は，談話の冒頭に現れうるのに対して，英語のそれは，談話の冒頭には現れない．これは，日本語の非限定的修飾節は，言語的な先行文脈だけでなく，非言語的な先行文脈に対しても関与的な情報を表すが，英語の非制限的関係節は，そのような情報を表さないからであると思われる．

　日本語の談話の最後の方に現れる「非限定的修飾節＋名詞だ」といった構文に見られる非限定的修飾節については，主節あるいは先行文脈に関与的な情報を付加するといった説明があてはまらない．このような構文を使用する狙いは，情報を付加するといったことよりも，当該の名詞をいわゆる "Discourse Topic" でなくすることにあると思われる．英語の非制限的関係節を含む構文がこのような狙いで形成されることはない．

第**7**章

日英語の文主語の対照研究

　①のような文から派生されたWh-Cleft②と③のような文と関係づけられるthat節を主語に持つ④のような文とは，文主語を持つという点で共通している．

① John stole a book.

② What John stole was a book.

③ Obviously John stole a book.

④ That John stole a book is obvious.

　しかしながら，文の成り立ちをもう少し細かく見ていくと，②は，文主語，つまりWh節の部分に［John stole X］というように変項の存在が想定され，この変項に"a book"が値を与えるという形で成り立っているのに対して，④では，文主語，つまりthat節の部分にこのような形で変項の存在が想定されることはない．同様の分析は，対応する日本語の文についてもあてはまる．⑤のような文から派生された分裂文⑥と⑦のような文と関係づけられる「の」で名詞化された文を主語に持つ⑧とを見られたい．

⑤ 太郎は本を盗んだ．

⑥ 太郎が盗んだのは本だ．

⑦ 明らかに太郎は本を盗んだ．

⑧ 太郎が本を盗んだのは明らかだ．

　先に見た②のWh-Cleftがそうであったように，日本語の分裂文⑥も文主語，つまり「〜の」の部分に［太郎がXを盗んだ］というように変項の存在が想定され，この変項に「本」が値を与えるという形で成り立っている．

　一方，⑧では，文主語の部分にこのような形で変項の存在が想定されること

はない．1986年のPrinceの研究にならって，②および⑥に含まれる変項の存在が想定される命題をOpen Proposition (OP) と呼び，④および⑧に含まれる変項の存在が想定されない命題をFull Proposition (FP) と呼ぶことにする．

　本章では，②⑥のような文と④⑧のような文は，文主語を含むという点では共通しているものの，文脈依存性に違いが観察され，「OP＋値」の形で成り立っている前者のタイプの文は，主題文としての性格が弱く，FPを含む後者のタイプの文は，主題文としての性格が強いことを見る．そしてさらに，両構文の文脈依存性の違いは，②のようなWh-Cleftが疑問文とその答えを話者が一人で発しているような表現形式を持ち，⑥のような分裂文が1991年の益岡の研究で提唱されている「課題設定」が組み込まれたような表現形式を持っているのに対して，④，⑧のような文では，FPが叙述の対象となっており，「主題＋解説」というプロトティピカルな主題文としての表現形式が実現されていることに起因するものである．

1.　Wh-Cleft と主題性

　1978年のPrinceの研究では，「Wh節の中身が発話を聞いた時に聞き手の意識の中に存在すると協調的な話者が想定しうるもの，つまりGiven Informationを表していなければ，Wh-Cleftは，首尾一貫した形で談話の中に現れることはできない」としたうえで，同構文の先行詞になりうる情報単位のタイプの主たるものとして，以下のようなものがあげられている．

(1) 明示的な情報
　言語的あるいは非言語的文脈に明示的に与えられた情報で，次の⑨が例としてあげられている（ⱼは同一指示であることを表す）．

⑨　There is no question what they$_i$ are after. What the committee$_i$ is after is somebody at the White House. They$_i$ would like to get Haldeman or Colson, Ehrlichman.

(2) 非明示的な情報

(1) の明示的な情報と比べて, ⑩に見られるように, 解釈に際して聞き手に負担がかかる.

⑩　At first contact he developed a furious hatred for the party of the Social Democrats. "What most repelled me," he says, "was its hostile attitude toward the struggle for ..."

(3) 対比的な情報

先行する言語的な文脈との関係が対比的であるもので, ⑪では, 否定／肯定の対比が見られ, ⑫では, 原級／比較級の対比が見られる.

⑪　Precisely how pseudo-clefts are formed need not concern us... What is relevant is that in all the cases examined above — and in fact in most pseudo-clefts — the constituent following be is an NP.

⑫　The fact that... pre-eminence of some groups and regions over others shifted frequently is well known ... What is less known, or rather not admitted by some who prefer not to look at the staring presence of reality, is the other fact that ...

(4) 言外の先行詞

人物Aが話しているなら, 発話場面の参加者は, Aが何かを意味していると他の参加者が思っていると想定しうるとして, ⑬のような例があげられている.

⑬　Nixon: There is something to be said for not maybe this complete answer to this fellow, but maybe just a statement to me. My versions are these: bing, bing, bing. That is a possibility.

Dean: Uh huh.

Nixon: What I mean is we need something to answer somebody.

(5) 発話場面の規範

　先行詞がテキストそのものの中にではなく，発話場面の規範の中に存在する．例として次の⑭があげられている．

⑭　Nixon: ... I knew there was something going on, but I didn't know it was a Hunt.

Dean: What really troubles me is: one, will this thing not break some day and the whole thing — domino situation — everything starts crumbling, fingers will be pointing ...

　このような例についてPrinceは，話者の関連する思考，観察，意見，反応等が聞き手の関心事と見なされ，聞き手の意識の中に存在すると想定されうる，としている．

⑮　Haideman: He said, yes, he thinks John Dean did lie to the FBI when he said he wasn't sure whether Howard Hunt had an office in the White House.

Dean: I said I had to check it out. What happened is that the agent asked if he could see the office ...

　⑮のような例については，出来事は起こり続ける，そして，こうした出来事は我々に固有で不変の関心事であるという語用論的な原則があるようである，としている．

　PrinceのWh-Cleftについての以上のような観察を主題文との関連で検討してみよう．1991年の益岡の研究では，主題のプロトタイプについて，その基本的特徴は，命題から切り離された独立の存在物として設定され，命題と結合されるものであるとしたうえで，その派生的特徴の一つに，指示対象の存在が前提となるということがあげられている．⑯は，不定代名詞「誰か」が指示対象を持たないため，非文となるのである．

⑯　＊誰かはテレビのスイッチを入れた．

　プロトティピカルな主題が指示対象の存在を前提とするという見方は，主題に関する一般的な理解と一致するものと思われる．1978年のPrinceの研究であげられている（1）項〜（3）項のWh-Cleftにおいては，何らかの形で指示

対象の存在が前提とされていると考えられるが，（4）（5）項のWh-Cleftについては，指示対象の存在が前提となっているとは考えられない．Wh-Cleftには，主題文としての性格が弱いものがあるのである．このことは，Wh-Cleftが疑問文とその答えを話者自身が発したような表現形式を持っていることと関係があると思われる．

　Wh-Cleftが疑問文とその答えから成るという分析は，1971年のFaraci，1973年のNakada，1984年の中田の研究等に見られる．1984年の中田の研究では，英語のWh-Cleft，日本語の分裂文は，話者が一人で生成した（self-generated）Q-Aの対（pair）が構文化（syntacticized）したものであろうとされている．このself-ないしauto-generated Q-Aの対が，他の平叙文よりも言語行為として効率的であるのは，話者がQ-Aを使うことによって，あたかも聞き手が話者のQに対するAに関心を持っているかのような効果が出せるからであろうと述べられている．日本語の分裂文は，英語のWh-Cleftと違って，Wh句のような疑問文であることを明示的に表す要素を持たないので，同構文が疑問文と答えを構文化したものであるとする見方がどの程度妥当なものであるかについては，判然としないものがある．この点については次の第2節で議論することにする．

　英語のWh-Cleftが疑問文とその答えを話者が一人で発したものであるとすると，同構文の前提部分（Wh節の部分）は，Given Informationを表さなくてもよい，あるいは，指示対象の存在が必ずしも前提とはならないということになる．なぜならば，Wh疑問文が聞き手に向かって発せられる場合は，その疑問文の前提は話者と聞き手との共有知識あるいは話者が聞き手が知っていると想定しうるものでなければならない．例えば，"What did John buy?"という疑問文が発せられる場合，話者と聞き手との間では，"John bought something."という情報が共有されている，あるいは，共有されていると話者は考えている．一方，"What John bought was a book."といったWh-Cleftが"What did John buy?"といった疑問文とその答えを話者が自分一人で発したものであれば，"John bought X."といった前提は，聞き手との間で共有される必要はないからである．

以上，本節では，Wh-Cleftには主題文としての性格が弱いものがあり，そのことが同構文が疑問文とその答えを話者が一人で発したような表現形式を持つことに結びつけられる可能性があることを見た．

2. 日本語の分裂文と主題性

本節では，日本語の分裂文がOPの部分が「ハ」でマークされているにもかかわらず，主題文としての性格が弱い．換言すれば，先行文脈に依存しないということを「のだ」文と比較しながら見ていく．

⑰のような文から派生された分裂文⑱と「のだ」文⑲を見られたい．

⑰　太郎はカレーを注文した．

⑱　太郎が注文したのはカレーだ．

⑲　太郎はカレーを注文したのだ．

分裂文⑱と「のだ」文⑲の間には，意味的なつながりが認められる．両構文とも「太郎が何かを注文した」ことを前提としたうえで，それが「カレー」であるということを主張している．よって，⑱⑲は，「太郎が何かを注文した」ことを前提とする疑問文⑳の答えになりうる．

⑳　太郎は何を注文しましたか．

また，以下のように表現を補ってやると，両構文が「太郎が注文したものが（他の何物でもなく）カレーである」ことを主張しているということがより明確に感じられる．

㉑　太郎が注文したのはカレーだ．オムライスではない．

㉒　太郎はカレーを注文したのだ．オムライスではない．

1991年の益岡の研究では，⑰が「太郎がカレーを注文した」という事態の存在を断定するだけの文であるのに対して，⑲は，「太郎が何かを注文した」といったある特定の事態の存在を認めたうえで，その事態の叙述として「（太郎は）カレーを注文した」という言い方が適切であるということを断定する文であるとされている．与えられた事態を適切に叙述する様式を問題にするという特徴にちなんで，このような文を同氏は「叙述様式判断型（の文）」とし，

その意味・機能を「課題設定」という概念を用いて説明している.

⑲が意味をなすためには「太郎が何かを注文した」といった事態の存在が予め認められていなければならない. このような前提は, 言語表現によって明示的に与えられるよりも状況から非明示的な形で与えられるのが一般的であり, 状況から与えられる「太郎が何かを注文した」といった事態に対して, 未定部分を埋めるべき要素は何か, という課題が設定されることになる. そして, その課題に対する答えが「(太郎は) カレーを注文した」という叙述である. ⑲は, ㉓のように言い換えることができ, 「太郎が何を注文したかと言うと」の部分が課題を表し, 「カレーを注文したということなのだ」の部分がその答えを表している.

㉓ 太郎が何を注文したかと言うと, カレーを注文したということなのだ.

さらに, 叙述様式判断型の「のだ」文は, 分裂文⑱との間に意味的なつながりが認められるという. 叙述様式判断型の「のだ」文と分裂文との関連性は, ⑲をパラフレーズした㉓を⑱と比較することでより明確な形で示され, ㉓の主文の部分を焦点を残して省略すると㉔が得られる.

㉔ 太郎が何を注文したのかと言うと, カレーだ.

このように言い換えの作業を重ねていくと, 分裂文が叙述様式判断型の「のだ」文と密接に関係していることがわかる, と1991年の益岡の研究では指摘されている.

以上, 1991年の益岡の研究で行われた分析を概観し, 分裂文が叙述様式判断型の「のだ」文と意味的につながっていることを見たわけである. 「のだ」文が何らかの文脈情報に基づいて設定された課題に対して答えを与える形で説明がなされるところから, 文脈に依存した構文であると考えられるのに対して, 分裂文に関しては, 同構文が文脈に依存せずとも談話の中に自然な形で現れうることが1992年の伊藤の研究において観察されている. この伊藤の研究における観察が正しいとすると, 分裂文と叙述様式判断型の「のだ」文は, 意味的にはつながっているが, 文脈依存性が異なっているということになる. 分裂文および「のだ」文と文脈との関係を見ながら, この問題について考えてみ

よう．まず次例を見られたい．

㉕　慰安婦問題の資料に必ずと言ってよいほど使われる写真がある．慰安
所入り口に掲げられた「身も心も捧ぐ大和撫子のサービス」と書かれ
た看板をとらえている．別の写真には，上海の小学校に慰安婦として
集められた着物姿の女性たちに交じったチマ・チョゴリを着た女性も
見られる．撮影したのは，元軍医の麻生徹男さん．89 年に亡くなっ
た．（毎日新聞 1992 年 3 月 7 日）

本例においては，下線部を「元軍医の麻生徹男さんが撮影したのだ」という
ように「のだ」文に置き換えたとしても自然さは失われない．1991 年の益岡
の研究で行われた分析に則して言えば，文脈から「誰かが撮影した」といった
事態が与えられ，これに対して「未定部分を埋めるべき要素は何か」という課
題が設定されて，「元軍医の麻生徹男さんが撮影した」という叙述がこの課題
に対する答えとなっていると考えられよう．本例を見る限りでは，分裂文と
「のだ」文の文脈依存性には違いがないかのように見える．しかしながら，次
例では，分裂文を「のだ」文に置き換えることはできない．（＃は，談話の冒
頭であることを示す）

㉖　＃「人類と野生生物の共生」を掲げて京都市の国立京都国際会館で
今月 2 日から開かれていた第 8 回ワシントン条約締結国会議が 13 日
閉会した．その取材で感じたのは，ワ条約が大きな転換点に立ってい
ることだった（＊その取材でワ条約が大きな転換点に立っていること
を感じたのだった）．（毎日新聞 1992 年 3 月 14 日）

本例では，先行文脈とのつながりがない，あるいは希薄であるため，先の㉕
のように文脈情報に基づいて「その取材で何を感じたか」といった課題が設定
されるとは考えられず，「のだ」文の使用は，不自然なものとなる．次の㉗に
ついても同様である．

㉗　米国で標識をつけて放流されたクロマグロは，記録によると早いも
ので 674 日，遅いもので 1906 日で日本に帰着したという．旅行から
帰ったクロマグロは生まれ故郷の南の海で産卵する．そこに海洋牧場
をつくって稚魚を育てようという構想がある．黒潮に稚魚を放流す

る，3，4年で成魚になり，故郷の海に帰ってくる．資源は増えるし，トロももっと安く食べられるだろうという結構ずくめの発想だ．<u>大林組プロジェクトチームが目をつけたのは鹿児島県トカラ列島</u>（＊大林組プロジェクトチームは鹿児島県トカラ列島に目をつけたのだ）．（毎日新聞 1992 年 3 月 11 日）

　何らかの文脈情報に基づいて「大林組プロジェクトチームは何に目をつけたか」といった課題設定が行われうるとは考えられず，「のだ」文の使用は，不自然なものとなるのに対して，分裂文は問題なく用いられうる．

　ここまでの観察で，分裂文と「のだ」文では，文脈依存性に違いがあることが観察されたが，この違いは，何に拠るのであろうか．

　前節で，英語のWh-Cleftが疑問文とその答えを話者が一人で発したような表現形式を持つことを見たが，日本語の分裂文を英語のWh-Cleftと同様に疑問文とその答えから成り立っているとする見方にはいくつか問題点がある．

　まず第一に，英語のWh-Cleftには疑問を表す要素，"What"があるが，日本語の分裂文は，疑問表現であることを明示的に表す要素を持たない．さらに，両構文の前提部分の構造の違いも指摘できる．Wh-CleftをWh疑問文と答えを話者が一人で言ったものであるとする分析では，㉘の意味は㉙のようなものであると考える．

　㉘　What John bought was a car.

　㉙　What did John buy? He bought a car.

このように考える理由の一つは，1986 年の福地の研究で述べられているように，Wh-Cleftの主語，つまり前提部分が節としての性格を強く持っていることである．Whatには疑問代名詞としての用法と，関係代名詞としての用法があるが，Wh-CleftのWhatはどちらかというと疑問詞の性格が強い．したがって，Wh-Cleftの前提部分は，主要部を欠く関係節，すなわち全体として名詞句，ではなく純粋に節と考えた方がよい．次の例から明らかなように，主語と動詞を入れ換えて疑問文にした場合，関係節を含む㉛は可能だが，Wh-Cleft㉝は不可能である．

　㉚　What John said was immediately comprehensible to me.

㉛　Was what John said immediately comprehensible to you?

㉜　What John said was that we should all go home.

㉝　＊Was what John said that we should all go home?

これに対して，日本語の分裂文においては，1992 年の伊藤の研究でも指摘されているように同構文の名詞化接辞「の」が比較的高い名詞性を有しており，前提部分つまり「〜の」の部分は名詞句を形成していると考えられる．例えば，普通の体言相当語句の中または連体修飾句の中では主格の「が」と「の」を互いに換えることができるが，分裂文においてもこのいわゆるガノ可変が見られる.

㉞　昨日太郎が会ったのは花子だ.

㉟　昨日太郎の会ったのは花子だ.

分裂文の「の」は，連体修飾語句を形成する力を持っているのである．同じ「の」でも「のだ」文の「の」は先行する一群の語句を体言的にまとめる力がかなり弛緩してきており，ガノ可変は不可能である.

㊱　雨が降っているのだ.

㊲　＊雨の降っているのだ.

さらに，1983 年の霜崎の研究によれば，次の㊳に見られるように名詞化用法の「の」は母音がしばしば脱落して「ん」になる傾向が認められるのに対して，㊴に見られるように代名用法の「の」（本例では「机」に相当する）にはそうした事実は認められないとしている.

㊳　a.　この机はどう見ても本職の作ったようには見えないね.

　　b.　あたりまえです．その机は僕が作ったのです．／その机は僕が作ったんです.

㊴　a.　どれがあなたの作った机なの？

　　b.　その机が僕の作ったのです．／＊その机が僕の作ったんです.

分裂文の「の」についても代名用法の「の」と同様の傾向が観察される.

㊵　＊昨日太郎が会ったんは花子だ.

以上の議論から明らかなように，日本語の分裂文の「の」は比較的高い名詞性を有しており，同構文の前提部分は Wh-Cleft のそれとは異なって名詞句で

あると考えられる.

　第二に, ㊶のような疑問文とその答えの対は可能であるが, ㊷のような分裂文は非文である.

　　㊶　太郎はどのように花子を段ったのか.　激しく段った.

　　㊷　＊太郎が花子を段ったのは激しくだ.

　㊷の非文法性は, 日本語の分裂文においては副詞が焦点の位置に現れることができないことに起因している. ㊹についても同様である.

　　㊸　太郎はどのように電話を切ったのか.　たたきつけるように切った.

　　㊹　＊太郎が電話を切ったのはたたきつけるようにだ.

　第三の問題点も, 分裂文における焦点化可能な要素についての制約が関係している. ㊺㊼㊾㊿の疑問文とその答えの対および㊻㊽50 52の分裂文は, いずれも可能である.

　　㊺　太郎は誰と大阪で会ったのか.　花子と会った.

　　㊻　太郎が大阪で会ったのは花子だ.

　　㊼　太郎は花子とどこで会ったのか.　大阪で会った.

　　㊽　太郎が花子と会ったのは大阪（で）だ.

　　㊾　誰が花子と大阪で会ったのか.　太郎が会った.

　　㊿　花子と大阪で会ったのは太郎だ.

　　51　太郎はいつ花子と会ったのか.　昨日会った.

　　52　太郎が花子と会ったのは昨日だ.

　ところが, 53のような疑問文とその答えの対は可能であるが, 54のような分裂文は不可能である.

　　53　大阪で誰が誰に会ったのか.　太郎が花子に会った.

　　54　＊大阪で会ったのは太郎が花子にだ.

　これは, 日本語の分裂文においては複数の要素の焦点化が不可能なことによる. 56 58 60についても同様である.

　　55　太郎は誰とどこで会ったのか.　花子と大阪で会った.

　　56　＊太郎が会ったのは花子と大阪（で）だ.

　　57　太郎はいつ何を買ったのか.　去年車を買った.

⑤⑧　＊太郎が買ったのは去年車だ.

⑤⑨　花子と誰がどこで会ったのか. 太郎が東京で会った.

⑥⓪　＊花子と会ったのは太郎が東京でだ.

　時の表現と場所の表現が焦点化された分裂文⑥①は，これまでに見てきた分裂文⑤④⑤⑥⑤⑧⑥⓪に比べて容認度が高いように思われる.

⑥①　？太郎が花子に会ったのは昨日大阪でだ.

　しかしながら，語順を入れ換えた⑥②が非文となることから，同例において複数の要素が焦点化されているとは考えにくい.

⑥②　＊太郎が花子に会ったのは大阪で昨日だ.

　これに対して，疑問文と答えの対⑥③⑥④はいずれも容認可能である.

⑥③　太郎はいつどこで花子に会ったのか. 昨日大阪であった.

⑥④　太郎はいつどこで花子に会ったのか. 大阪で昨日会った.

　1974年のMurakiの研究では，分裂文において焦点化できるのは単一の要素のみであるとして以下のような例があげられている.

⑥⑤　？ジョンがあげたのはマリーに本をだ.

⑥⑥　＊ジョンがあげたのはマリーに本だ.

　2つ以上の要素がcopulaの前に現れる場合，格助詞は削除できず，⑥⑤は⑥⑥よりはましであるとしている. さらに，⑥⑦では複数の要素が焦点化されているように見える.

⑥⑦　ジョンがその車を運転したのはダラスからニューヨークまでだ.

　本例においては，「ダラスからニューヨークまで」は単一の要素であり，かきまぜ変形（scrambling）によって自然さが失われるとしている.

⑥⑧　？ジョンはニューヨークまでその車をダラスから運転した.

　英語のWh-Cleftについては，先に見た㊻㊽㊿⑤②に相当するWh-Cleftが不可能であるので，⑤④⑤⑥⑤⑧⑥⓪に相当する多重焦点のWh-Cleftも不可能である. これは，同構文の主語節にWhat以外のWh要素が現れないためである. 1985年の福地の研究によれば，以下にあげる文のうち通常⑥⑨以外はまれである.

⑥⑨　What John bought was a car.

⑦⓪　Who Nixon chose was Agnew.

⑪　Where I saw John was in Boston.

⑫　When I met John was at 4 o'clock.

⑬　Why John came was to irritate me.

⑭　How John did that was by standing on a laddar.

What以外は，以下にあげるような主要部を伴った関係節を用いた表現が好まれるとのことである.

⑮　The one Nixon chose was Agnew.

⑯　The place where I saw John was Boston.

⑰　The time at which I met John was 4 o'clock.

⑱　The reason that John came was to irritate me.

⑲　The way John did that was by standing on a laddar.

最後に，遊離数量詞の問題をあげておく．よく知られているように，日本語においては主語あるいは目的語の位置から数量詞を遊離させることができる.

⑳　太郎は3つのりんごを食べた.

㉑　太郎はりんごを3つ食べた.

㉒　5人の警官がビルに突入した.

㉓　警官が5人ビルに突入した.

さて，㊙㊝の疑問文と答えの対および㊜㊞の分裂文はいずれも可能である.

㉔　太郎は何を食べたか．3つのりんごを食べた.

㉕　太郎が食べたのは3つのりんごだ.

㉖　誰がビルに突入したか．5人の警官が突入した.

㉗　ビルに突入したのは5人の警官だ.

ところが，㊙㉚の疑問文と答えの対は可能であるが，㉙㉛の分裂文は不可能である.

㉘　太郎はりんごをいくつ食べたか．3つ食べた.

㉙　＊太郎がりんごを食べたのは3つだ.

㉚　警官は何人ビルに突入したか．5人突入した.

㉛　＊警官がビルに突入したのは5人だ.

以上，分裂文が疑問文と答えの対から成るとする分析の妥当性を検討してき

た．疑問を表す要素を欠いていること，前提部分が名詞句の構造を成していること，疑問文と答えの対と分裂文が対応関係にない場合が数多く観察されることなどから，英語のWh-Cleftについてはともかく，日本語の分裂文については，同構文を疑問文と答えの対から成るとする分析には問題があるといえる．

　ここで，分裂文の構文としての成り立ちを再確認してみよう．本章の冒頭でも述べたように，分裂文，「XのはYだ」構文においては，OP，「X」の部分に変項の存在が想定され，この変項に値を与える要素が「Y」の位置に現れているのであった．例えば，「太郎が注文したのはコーヒーだ」といった分裂文は，「太郎がXを注文した．そのXはコーヒーだ」といった形で成り立っているのである．

　このような分裂文の構文としての成り立ちと先に見た1991年の益岡の研究で提示されている叙述様式判断型の「のだ」文と分裂文の類似性に関する議論とを考え合わせると，分裂文では，課題設定がOPに変項の存在が想定されるという形で言語形式に組み込まれているとみなすことができる．このことが両構文の文脈依存性の違いに反映されていると思われる．

　つまり，「太郎はコーヒーを注文したのだ」といった「のだ」文では，何らかの文脈情報に基づいて「太郎は何を注文したか」といった課題設定が行われなければならないが，「太郎が注文したのはコーヒーだ」といった分裂文では，このような課題設定が言語形式に，特に変項の存在が想定されるOPの部分に，組み込まれている．このため，叙述様式判断型の「のだ」文は，文脈に依存する形でしか談話の中に現れることができないが，分裂文は，文脈に依存せずとも談話の中に現れうるのだと考えられる．

　以上，本節では，分裂文が先行文脈に依存しない．つまり，主題文としての性格が弱い側面があることを「のだ」文と比較することで明らかにし，このことが同構文が課題設定を言語形式に組み込んだ形で成り立っていることに起因するものであるという見方を提示した．

3. FP を含む構文と主題性

冒頭でも述べたように，小論で言うところのFPを文主語に持つ構文というのは，⑨⑨のような文である．

⑨　That John stole a car is obvious.

⑨　太郎が車を盗んだのは明らかだ.

1993年の澤田の研究で述べられているように，⑨⑨のような文は，次の⑨⑨のような文と関係づけられる.

⑨　Obviously John stole a car.

⑨　明らかに太郎は車を盗んだ.

⑨⑨においては，〔John stole a car〕あるいは「太郎が車を盗んだ」という命題に対する話者の心的態度が形容詞あるいは形容動詞で表され，⑨⑨では，同様の命題に対する話者の心的態度が副詞で表されている.

⑨〜⑨に関して小論において重要なことは，一方が他方から派生されるという派生関係ではなく，これらの文が共通して持つ〔John stole a car〕あるいは「太郎が車を盗んだ」という命題が⑨⑨では文主語の位置にある，さらに言えば主題として機能しているということである．本節では，FPを文主語に持つ⑨⑨のような文が本章で述べたOPを文主語に持つWh-Cleft，分裂文と違って，主題文としての性格の強い先行文脈に依存した構文であることを見ていく．まず，次例を見られたい.

⑨　A：何があったのですか？

　　B：残念ながら太郎と花子が離婚しました.

　　B′：？？太郎と花子が離婚したのは残念です.

⑨　A：美術館に行きませんか？

　　B：残念ながら火曜日は休館日です.

　　B′：？？火曜日が休館日なのは残念です.

⑨B, ⑨Bと比べて⑨B′, ⑨B′は不自然であろう．文脈から考えて，「太郎が花子と離婚した」「火曜日が休館日だ」という命題は，聞き手によって知られ

ていないと話者が想定する新情報を表していると考えられる．⑯B′，⑰B′の不自然さは，新情報が主題として，あるいは既知情報として扱われていることによるものと思われる．FPを文主語に持つ構文の文脈依存性，あるいは主題文としての性格の強さは，このように同一の命題に対する話者の心的態度が副詞によって表された，さらに言えば，同一の命題が新情報として扱われていると思われる文と比較することで示すことができると考えられる．次の⑱についても同様である．

⑱　まず第一に必要なことは高齢者の自立を目指すべく，個人の意識を変え，これを支える仕組みを作ることであろう．残念なことに，現在のお年寄りには「依存する人」というイメージが定着している（？現在のお年寄りには「依存する人」というイメージが定着しているのは残念なことだ）．病気になれば，医者にすべてを任せて，ひたすらその指示に従うことが，期待される老人であると考えたり，家庭内でも「老いては子に従え」と自分の主張をあまり強く述べない老人がよき老人であるという社会の圧力がある．（毎日新聞 1992 年 3 月 26 日）

英語のFPを文主語に持つ構文についてはどうだろうか．

⑲　A: What happened?

B: Unfortunately John and Mary got divorced.

B′: ？？ That John and Mary got divorced is unfortunate.

本例については，先の⑯についての議論がそのままあてはまろう．

⑩　When I first found this hole, it was not yet ideal for use as a nest because there was a bump inside which made entry and exit for a bird impossible. I decided to see if an owl would use the hole for a nest if I removed the bump. The bump was quite decayed so I was able to remove it easily with a chisel. By the level of decay, evidently ants had helped it along. A colony of ants had laced the bump with minute tunnels to make it into a nest. As the ant colony grew, so did the number of tunnels. (*Mainichi Weekly*, Dec. 14th, 1991)

⑩において，下線部を "That ants had helped it along was evident." のように

書き換えると，"Ants had helped it along."という命題が主題あるいは既知情報として扱われることになり，文脈に合わず不自然さを生じるものと思われる．次の⑩についても同様である．

⑩　Depardieu, France's most famous actor, appears in this, his first English language film, fresh from his success in the title role of Cyrano de Bergerac, for which he was nominated for an Oscar. Depardieu is easily one of the finest cinematic actors in the world, but <u>unfortunately his talent is only now being realized m the States</u>（？ that his talent is only now being realized in the States is unfortunate), Weir said. "Actors have to do English. For Americans, nothing exists outside their borders." (*Mainichi Weekly*, Sept. 14th, 1991)

　以上，本節では，日英語のFPを文主語に持つ構文がOPを文主語に持つWh-Cleftや分裂文と異なって，文脈に依存する主題文としての性格の強いものであることを観察した．

4. 7章のまとめ

　日英語のOPを文主語に持つ構文，すなわちWh-Cleftと分裂文には，主題文としての性格が弱いものがある．これは，Wh-Cleftが疑問文とその答えを話者が一人で発したような表現形式を持ち，分裂文が課題設定を言語形式に組み込んだような形で成り立っていることに起因するものと思われる．これに対して，日英語のFPを文主語に持つ構文は，OPを文主語に持つ構文とは違って，主題文としての性格が強い文脈に依存した構文である．

第**8**章

日英語の埋め込み文をめぐって

　英語の間接疑問節は文の主語，他動詞の目的語，そして前置詞の目的語の位置に現れることができる．以下に，それぞれの例を対応する日本語の例とともにあげる．

　　① a. Who will go there is not decided.

　　　 b. 誰がそこへ行くかが決まっていない．

　　② a. We have to decide who will go there.

　　　 b. 誰がそこへ行くかを決めなければならない．

　　③ a. Let's talk about who will go there.

　　　 b. 誰がそこへ行くかについて話し合いましょう．

　これらの例を見る限りでは，英語においても，日本語においても，間接疑問節は④〜⑥の名詞句と同様に項（argument）であると言えそうである．

　　④ The schedule is not decided.

　　⑤ We have to decide the candidate.

　　⑥ Let's talk about the plan.

　しかしながら，両言語の間接疑問節の振る舞いを詳細に観察すると，これらの要素には付加語（adjunct）のような側面も認められる．本章では，日英語の間接疑問節を中心に埋め込み文の統語的性格について考察を進める．なお，以降，英語の間接疑問節を便宜的にwh節と表記することがある．

1. 英語の間接疑問節

1979年のGrimshawの研究や1981年のStowellの研究で述べられているように，wh節は格が付与されない位置にも現れることができる．

⑦　I wonder about what kind of beer John likes.

⑧　I wonder about the kind of beer John likes.

⑨　＊I wonder the kind of beer John likes.

"Wonder"は，自動詞であるから名詞句は前置詞なしでは現れないが，wh節は前置詞なしでも現れることができる．

⑪においては，wh節が目的語の位置に現れていると考えられるが，⑬では，そのように考えることはできない．

⑩　I don't know the procedure.

⑪　I don't know how I can rent a car.

⑫　＊I have no idea the procedure.

⑬　I have no idea how I can rent a car.

⑬では，動詞"have"の目的語の位置は"no idea"によって占められているからである．以下の諸例についても同様である．

⑭　We have to decide the plan.

⑮　We have to decide where we should go.

⑯　＊We have to make a decision the plan.

⑰　We have to make a decision where we should go.

⑬，⑰において"no idea how I can rent a car"あるいは"a decision where we should go"が全体として一つの名詞句となっていると考えるのは妥当ではないと思われる．名詞句とwh節の間に副詞が介在しうるからである．

⑱　We have to make a decision immediately where we should go.

類例をいくつかあげておく．

⑲　I can guess her age.

⑳　I can guess what her age is.

㉑　＊I have/make/take a guess her age.

㉒　I have/make/take a guess what her age is.

㉓　I will explain the fact.

㉔　I will explain why I was late.

㉕　＊I will give an explanation the fact.

㉖　I will give an explanation why I was late.

㉗　He discovered the island.

㉘　He discovered where she lived.

㉙　＊He made a discovery the island.

㉚　He made a discovery where she lived.

英語においては，他動詞とその目的語の間には，通常，副詞的要素が介在することができない．目的語の名詞句に他動詞から格が付与されないからである．いわゆる隣接性の条件であるが，他動詞と wh 節の間には副詞等が現れうる．以下の例を見られたい．

㉛　＊I know exactly our task.

㉜　I know exactly what we should do.

㉝　＊We have to decide immediately the plan.

㉞　We have to decide immediately where we shall go.

さらに，前置詞とその目的語の間にも，通常，副詞的要素の介在は許されないが，前置詞と wh 節の間には副詞等が現れうる．

㉟　＊Let's talk about briefly the plan.

㊱　Let's talk about briefly where we shall go.

また，名詞句は，前置詞を伴わなければ"be sure"といった形容詞述語の補足成分になることができない．他動詞や前置詞と違って，形容詞述語は格付与能力を持たないからである．ところが，以下に見るように，wh 節は前置詞を伴わなくても補足成分になりうる．

㊲　＊I am sure his success.

㊳　I am not sure what John bought in Paris.

㊴　＊I am certain his success.

④ I am not certain what John bought in Paris.

以上，本節では，英語のwh節が名詞句と違って対格を付与されない位置にも生起することが可能であり，adjunctとして振舞いうることを見た.

2. 日本語の間接疑問節

次例から明らかなように，日本語の間接疑問節は格助詞「が」「を」なしでも現れることができる.

④ 誰がそこへ行くか（が）決まっていない.

④ 誰がそこへ行くか（を）決めなければならない.

1992年の江口の研究では，日本語の間接疑問節は名詞句としての解釈を強要された時は項の位置に入って助詞が付かなければならなくなるが，付加部にある場合は助詞は付けられず，特定の格と結び付く必要もない，とされている. ④では，「以前から問題だった」という連体修飾節が前にあるので，間接疑問節は名詞としてしか振る舞えず，助詞が必要である.

④ 以前から問題だった，どのように宣伝をすべきかがまだ決まらない.

④ ＊以前から問題だった，どのように宣伝をすべきかφまだ決まらない.

次に，英語の等位接続詞"and"と異なり，日本語の「と」は名詞と名詞しか接続できないが，⑥から明らかなように，このような名詞しか現れえない環境の間接疑問節は助詞が必要になる.

④ どこへ行くかは決まったが，いつ行くかと何で行くかがまだ決まらない.

④ ＊どこへ行くかは決まったが，いつ行くかと何で行くかØまだ決まらない.

さらに，間接疑問節内の「が」を「の」に変えた場合にも助詞が必要になる.

④ しかしながら幸福を知らない者に不幸が何であるかが理解されるであろうか.

④ しかしながら幸福を知らない者に不幸が何であるかØ理解されるで

あろうか.

㊻　しかしながら幸福を知らない者に不幸の何であるかが理解されるであろうか.

㊼　＊しかしながら幸福を知らない者に不幸の何であるかØ理解されるであろうか.

「が」が「の」と交替する現象は，関係節や名詞節など名詞修飾節の中だけで観察され，名詞がトリガーになっている．逆に言えば，交替が起こっている節は名詞句の中にあることになり，㊻の間接疑問節ではそれ自体が名詞句になっているので交替が起こっていると考えられる.

江口の研究では，間接疑問節に助詞が付けられない場合について以下のように説明されている.

㊿　いつ彼が着くか（が）分からない.

㊾　彼の到着時間が分からない.

㊾の「彼の到着時間」という名詞句は，㊿の「いつ彼が着くか」という間接疑問節と対応する意味を持っているので潜伏疑問名詞句と呼ばれる．㊿,㊾に加えて，日本語では間接疑問節と潜伏疑問名詞句の両方を補語に取るパターンもある.

㊾　いつ彼が着くか，到着時間が分からない.

このパターンは，㊾に見られるように間接疑問節と潜伏疑問名詞句の間に副詞などの主文の要素が介在しうるので，一つの名詞句になっているわけではない．これは，統語的には，先に第2節で見た英語の⑩〜㉚と類似の現象であると考えられる.

㊾　いつ彼が着くか，はっきりとは到着時間が分からない.

この構文パターンの場合，間接疑問節に助詞が付けられない.

㊾　＊いつ彼が着くかが到着時間が分からない.

さらに次のような場合の間接疑問節は述語との格関係さえはっきりしない.

㊾　次郎が来ているかどうか行ってみた.

この場合にも間接疑問節に格助詞は付けられない.

㊾　＊次郎が来ているかどうかが行ってみた.

以上の事実から，日本語の間接疑問節にも，英語のwh節と同様に，adjunct的側面が認められることは明らかである.

ところで，日本語の間接疑問節は，疑問語疑問文に対応するものは「〜か」の形式をとり，Yes-No疑問文に対応するものは「〜かどうか」の形式をとる.

(58) 同窓会に何を着て行くか迷っています.

(59) *同窓会に何を着て行くかどうか迷っています.

(60) 花子も出席するかどうかを確認してください.

(61) *花子も出席するかを確認してください.

しかしながら，話し言葉では，こういった区別が曖昧になっているようであり，疑問語疑問文に対応する間接疑問節であっても「〜かどうか」の形式が使用されている例がしばしば観察される.

(62) ？情報をどれだけ公開していけるかどうかが問われている.

(63) ？彼女とどこまで深く付き合ったかどうかは分からない.

(64) ？血圧がどのように変化するかどうかを調べてみようと思った.

(65) ？私も後何年生きられるかどうか分からない.

(62)〜(65)のように疑問副詞を含む場合は，本来容認されないはずの「〜かどうか」の形を取りうるようであるが，「誰が」「何を」といった項位置に現れる疑問詞を含む場合は，話し言葉であっても「〜かどうか」の形は容認されないようである.

(66) 次は，誰が解雇されるか分からない.

(67) *次は，誰が解雇されるかどうか分からない.

(68) 何を注文するか早く決めてください.

(69) *何を注文するかどうか早く決めてください.

先にも述べたように，間接疑問節の形式上の区別が曖昧になる場合があるとは言っても，それは，あくまでも話し言葉においてであり，書き言葉については，以下にあげるような実例が存在する．ただし，疑問語疑問文が間接疑問化された場合に「〜かどうか」の形式をとることは，ごくまれであるといってよいであろう.

(70) 聖の念願はすぐに実現されるはずだった．しかし，そこに大人社会の

壁が立ちはだかったのだ．細かいことは省略してしまうが，奨励会
（プロ棋士養成機関）入会をめぐって<u>どの筋から頼んだかどうか</u>など
のことがからまって，「大人の常識」から見れば極めて穏当と思われ
る一年延期という回答が出される．（毎日新聞 2000 年 7 月 2 日）

㉑　しかし，与党は今後「第二の道」の動きを無視はできないだろう．大
都市では，自民党の大物議員が多数落選した．今後は<u>自民党がどこま</u>
<u>できちんと総括して，対応を取れるかどうか</u>だ．（毎日新聞 2000 年 6
月 28 日）

㉒　安田さんと付き合いがあるわけではない．8 年前の参院選の直前，結
成されたばかりの日本新党の取材で熊本で 2 度会っただけだ．<u>新党</u>
<u>がどれだけの広がりを見せるかどうか</u>全く分からない時期．九州の青
年会議所関係者 10 人余りが集まった場で，政治に関わりはじめたば
かりの安田さんは「みんなが新しい政治に目覚めてくれるために頑張
りたい」と静かに語った．（毎日新聞 2000 年 3 月 20 日）

㉓　こういう書き出しで始まる本がある．太田素子さんの『江戸の親子
父親が子どもを育てた時代』（中公新書）だ．太田さんはこの本の中
で，実際に<u>父親がどこまで育児をしたかどうか</u>は別として，江戸時代
の育児書の大部分が男性によって，男性に向けて書かれたものである
ということを強調している．（毎日新聞 2001 年 2 月 27 日）

　以上，本節では，日本語の間接疑問節の統語的性格を検討し，それが英語の
wh 節と同様に adjunct 的な側面を持ちうることを確認した．

3.　That 節と「と」節

　本章の考察対象の中心は，日英語の間接疑問節であるが，両言語の他の埋め
込み文についても多少議論しておきたい．ここでは，英語の that 節と日本語の
「と」節，すなわち「〜と」の形式をとる引用節を取り上げる．日本語の直接
引用と間接引用の形式上の区別は「　　」の有無であろうが，英語と比較した
場合，文法的な区別は明確ではない．本書では，日本語については，直接引用

と間接引用を特に区別しないが，以下にあげる日本語の例においては，「　　」を取り去ったとしても容認性は変化しないと思われる．

まず，英語のthat節から見ていこう．that節は，他動詞の目的語の位置に生じることができるが，自動詞"go"と共起しうる．

⑦⑷ The story goes that it was here a young man named Gwyn won and then tragically lost the love of his life. (*Mainichi Weekly*, Dec. 19th, 1992)

通常"go"は，以下の例に見られるように，直接話法の伝達動詞として使われるが，that節とも共起しうるのである．

⑦⑸ And I thought, "Obviously there's a great action actor and a great character actor together for the first time. Is it that?" And Arnold goes, "Of course." And then he said, "No, no, no. There's two Republicans in front of a Democratic crew." (週刊ST, Dec. 15th, 2000)

一方「と」節も述語と格関係を持たないような環境に現れうる．

⑦⑹ 私はひたすらに各国の美術館や寺院を訪ね歩いた．そして，その膨大な遺産群のなかで，果たして自分に何ができるのかと苦しみ抜いたことを忘れない．（毎日新聞2000年8月18日）

⑦⑺ ドイツのマルク渇望はほとんどビョーキで，前ブンデスバンク総裁のティートマイヤーは「われわれは敗戦で国歌も国旗も大っぴらに誇示できない．自慢できるのはマルクだけではないか」と涙ぐんだ．（毎日新聞2001年3月20日）

⑦⑻ 「最初から高視聴率を取れたのは，木村さん，松たか子さんらキャストの魅力．その後も視聴率が落ちないのは，つまらないと思われていないからでしょうか」と控えめだ．（毎日新聞2001年3月7日）

次例では，存在を表す動詞「ある」の項構造「〜に…がある」が満たされているにもかかわらず「と」節が現れており，やはり述語との間に格関係を認めることができない．

⑦⑼ 「朝の一番よい時間帯に（アルファ波の出る）20〜30分間，大脳を刺激する遊びです．発達段階に合わせ，幼児の有するリズム・テン

　　ポで毎日行っています」とパンフレットに説明があった.（毎日新聞
　　2001 年 3 月 20 日）
　これらの例は，that 節および「と」節が述語との格関係を持たずとも文中に
生じることができ，adjunct として振る舞いうることを示している.
　⑧では，動詞の目的語の位置が他の要素によって占められているにもかかわ
らず，that 節が現れている.

　　⑧　I don't know that John killed his wife.

　　⑧　I have no idea that John killed his wife.

　次例についても同様である.

　　⑧　We have to decide that we will promote John.

　　⑧　We have to make a decision that we will promote John.

　⑧,⑧において "no idea that John killed his wife" および "a decision that we
will promote John" の部分は，全体として一つの複合名詞句を構成しているの
ではないと思われる.　名詞句と that 節の間に副詞が介在しうるからである.

　　⑧　We have to make a decision immediately that we will promote John.

　また，⑧,⑧のような that 節と⑧,⑧のような that 節では，統語的な位置付け
がやや異なるようである.　次例を見られたい.

　　⑧　a.　I didn't know that John is from Canada.

　　　　b.　John is from Canada, I didn't know.

　　⑧　a.　I have no idea that John is from Canada.

　　　　b.　＊ John is from Canada, I have no idea.

　⑧,⑧において，"John is from Canada" の部分の左方移動の可能性に違いが
認められるからである.

　　動詞によって対格を付与されない位置にも現れるという that 節の振る舞い
は，先に第 1 節で見た wh 節の振る舞いと同様である.　以下にいくつか例をあ
げておく.

　　⑧　John claimed that the land was his.

　　⑧　John laid claim that the land was his.

　　⑧　I noticed that the man was approaching.

⑨⓪ Take notice that you don't fall again.

⑨① Kato, a former LDP secretary general, voiced doubts that they had enough votes to win, and said he also feared that younger, more vulnerable followers would suffer if they were ejected from the party for rebelling. (週刊ST, Dec. 1st, 2000)

⑨② The Express gave no indication that formal moves were underway to get Clinton the job, but it quoted a spokesman for Clinton as saying he would give it every consideration if it was offered to him after he steps down as president in January. (週刊ST, Dec. 15th, 2000)

次例は，これまでに見た例とはやや異なるが，that節が動詞と直接結び付いていないという点では同様である．

⑨③ Greg kept his fingers crossed that Japan could win its vital soccer match. (*Mainichi Weekly*, Dec. 6th, 1997)

また，wh節の場合と同様に，動詞とthat節の間にも副詞が介在しうる．

⑨④ I know exactly that John killed his wife

⑨⑤ ＊I know exactly the fact.

英語の間接疑問節は動詞以外に前置詞の目的語にもなりうるが，that節は一般に前置詞の目的語の位置には現れえないとされている．以下に見られるような例が存在するが，"...in that..."や"...except that..."といった構造についてthat節が前置詞inやexceptの目的語となっていると見なすことの妥当性に関してははっきりせず，このような環境において同要素がargumentとして機能しているのかadjunctとして機能しているのかも判然としない．

⑨⑥ The Amur Tiger is unique in that it lives in areas of harsh winters with deep snow. (*Mainichi Weekly*, Dec. 23rd, 2000)

⑨⑦ Life in Jamaica was comfortable enough, except that water and electricity were sometimes cut off. (週刊ST, Dec. 9th, 2000)

さらに，that節も，wh節と同様に，前置詞を伴わずに形容詞述語の補足成分になれる．

⑨⑧ I am afraid that John killed his wife.

⑨⑨　＊I am afraid the dogs.

⑩⑩　He was worried that his son failed the exam.

⑩①　＊He was worried his son.

⑩②　There happened to be a group of young black men on the train. I think she sat down next to me because she was afraid of them. I'm positive that she did this in order to make it look as though I was her companion. This happens a lot in New York City. (*Mainichi Weekly*, Dec. 23rd, 2000)

⑩③　I'm saddened that Akebono has decided to leave the ring. (週間ST, Mar. 2nd, 2001)

日本語の「と」節も，日英語の間接疑問節あるいは英語のthat節と同様に，動詞の目的語の位置が他の名詞句で埋められているような環境に生起しうる．

⑩④　2歳の四男の顔や頭を殴り死亡させたとして，兵庫県警西宮署は18日，同県西宮市中殿町，無職，横内奈穂美容疑者（26）を傷害致死容疑で逮捕した．横内容疑者は「言うことを聞かないので，しつけのつもりで殴った」と，容疑を認めている．（毎日新聞2001年3月19日）

⑩⑤　この家庭の長男（18）が勤務していた会社の社長は「昨年初めに自宅を訪問した時，ごみをかき分けないと入れないような状態だった．母親は教育に無関心で，学校にも行っていない子供も多かったようだ」と，この家庭の様子を話した．（毎日新聞2001年3月3日）

⑩⑥　シュレーダー独首相は「東欧諸国がEUに加盟しても7年間は現加盟国への労働者移動を禁止すべきだ．新規加盟国の経済水準が現加盟国並になるまで待った方がいい」と厳しい慎重論を述べた．（毎日新聞2001年2月22日）

⑩⑦　紅村さんは3年後，「中国にある前期旧石器時代の周口店遺跡と加生沢の石器は，共通点がある」と指摘する報告書を出した．「本書は一連の研究の序章と言うべきものでありたい」と，さらなる研究への意欲を記した．（毎日新聞2001年3月15日）

動詞「認める」を例に，「と」節の統語的な位置付けをもう少し詳しく見てみよう．

⑱　容疑者は，しつけのつもりで殴ったと容疑を認めた．

⑲　容疑者は，容疑を認めた．

⑩　容疑者は，しつけのつもりで殴ったと認めた．

⑲とともに⑱及び⑩が完全な文であることから，⑱においては「と」節はadjunctであり，⑩においては同要素がargumentとしての性格を有していると考えられそうである．次の⑪に見られるように，副詞の介在が可能であることも，日英語の間接疑問節及び英語のthat節の場合と同様である．

⑪　容疑者は，しつけのつもりで殴ったとしぶしぶ容疑を認めた．

以下にあげる例は，⑭～⑰とは区別されるべきであろう．

⑫　ASEAN首脳会談の席上，ASEANとの自由貿易圏構想を打ち出した中国に対し，ASEAN側は「将来，中国は我々を踏みつぶす巨象にならないか」と警戒感を募らせている．（毎日新聞2001年1月13日）

⑬　同県教委の辰野祐一教育長はこの日の県議会予算特別委員会で「人事，予算，対外折衝などの経験，組織運営の力量から，活力ある学校づくりが期待できる」と意欲を示したが，広島県での日の丸・君が代を巡る学校現場の混迷などが背景にあるとみられる．（毎日新聞2001年3月16日）

⑭　センターの小林敦子所長は「思い起こせば，積極的にこの家庭に入っていかなくてはいけなかった」と肩を落とした．（毎日新聞2001年3月3日）

これらの例では，目的語位置が「を」格名詞句で占められているのではなく，「を」格名詞句と後続する動詞が単一の述語を形成していると捉えるべきであろう．いわゆる再分析が行われると考えるのである．実際，⑭～⑰では，目的語を削除して「…と認めている」「…と話した」「…と述べた」とするのは可能であるが，⑫～⑭では，同様に「…と募らせている」「…と示した」「…と落とした」とするのは不可能である．以下に見られるように，「と」節と「を」格名詞句の間に副詞を介在させることは可能であるが，「を」格名詞句と動詞の

間に副詞を介在させることは困難である.

⑮　a.　ASEAN側は，中国が巨象にならないかとますます警戒感を募らせている.

　　b.　？ASEAN側は，中国が巨象にならないかと警戒感をますます募らせている.

⑯　a.　教育長は，活力ある学校づくりが期待できると明るく意欲を示した.

　　b.　？教育長は，活力ある学校づくりが期待できると意欲を明るく示した.

⑰　a.　所長は，積極的にこの家庭に関わるべきだったと憔悴しきったように肩を落とした.

　　b.　？所長は，積極的にこの家庭に関わるべきだったと肩を憔悴しきったように落とした.

　以上，本節では，英語のthat節と日本語の「と」節についても，間接疑問節と同様にadjunct的な振る舞いが観察されることを見た．日本語の「と」節以外の埋め込み文，すなわち，形式名詞「こと」や「の」で名詞化された節については，あえて触れなかったが，これらの名詞節はargumentでありadjunctとしての側面を認めるのは難しいと思われる.

4.　8章のまとめ

　本章では，間接疑問節を中心に，英語および日本語の埋め込み文の統語的性格について議論した．具体的な考察対象としたのは，英語のthat節とwh節，そして日本語の間接疑問節と「と」節であり，それぞれがargumentとしてだけではなくadjunctのようにも振舞いうることが確認できた.

　今後の課題としては，特に英語のthat節について，どのような条件下でadjunctとしての性格が強くなるのかを詳細に議論することがあげられる．その際には，共起する動詞のタイプを検討することから始める必要があろう.

第**9**章

日英語の結果構文に関する一考察

　英語には，①，②に見られるように，行為とその結果生じた状態を1つの文で表したような表現が存在する．

① Mary painted the wall green.

② The boy broke the base to pieces.

このような構文は，結果構文（resultative construction）と呼ばれ，これに対応する日本語の表現は，③，④のような構文であろう．

③ メアリーは，壁を緑色に塗った．

④ 男の子は，花瓶を粉々に壊した．

①，③では，「メアリーが壁を塗った」という事態と，その結果，「壁が緑色になった」という2つの事態が1つの構文で表されており，②，④でも同様に，1つの文で「男の子が花瓶を壊した」という事態と，その結果，「花瓶が粉々になった」という2つの事態が表されている．次の⑤についても，基本的には同じことが言える．

⑤ だが，おいしくそばをゆでるには，「差し水」が必要なように，混迷の10年で，人々は自分たちの生活や社会を見直し，問題解決には自分たちが主体的に取り組まなければならないことに気がついた．（毎日新聞2002年1月1日）

しかしながら，英語と日本語の結果構文に常に対応関係が見出されるわけではない．英語の結果構文⑥，⑦は自然な文であるが，これらに対応すると思われる⑧，⑨のような日本語は容認されない．

⑥ The hunter shot the bear dead.

⑦ The girl watered the tulips flat.

⑧　＊猟師は，熊を死に撃った．

⑨　＊女の子は，チューリップにぺちゃんこに水をかけた．

　「猟師が熊を撃った」という行為が行われたことと，その結果，「熊が死んだ」という状態が生じたことは，日本語では⑧のような構文で表現することは不自然であり，⑩のように，いわゆるテ形接続を用いて2文で表すか，⑪のように複合動詞を使って表現することになる．

⑩　猟師は，熊を撃って殺した．

⑪　猟師は，熊を撃ち殺した．

　同様に，「女の子がチューリップに水をかけた」という事態と，その結果，「チューリップがぺちゃんこになった」という2つの事態を⑨のように単一の文の形で表すことは不可能であり，⑫のように2つの文で表現するしかない．

⑫　女の子は，チューリップに水をかけて，ぺちゃんこにした．

　ここで重要なことは，「猟師が熊を撃つという行為を行い，その結果，熊が死ぬという状態が生じる」とか「女の子がチューリップに水をかけるという行為を行い，その結果，チューリップがぺちゃんこになるという状態が生じる」といった事態そのものは，在りうるべきものであるにもかかわらず，①～④の場合とは異なって，このような事態が，英語では結果構文で表現可能であり，日本語では同構文による表現が不可能であるという事実である．さらに，「男の子が花瓶を壊すという行為を行い，その結果，花瓶が粉々になるという状態が生じる」といった事態の存在がありうるべきものであるのと同様に，「男の子が花瓶を壊すという行為を行い，その結果，花瓶が無価値に，あるいは台無しになるという状態が生じる」といった事態の存在も十分に可能であると思われるが，②，④の結果構文が文法的であったのに対して，⑬，⑭から明らかなように，後者の事態を結果構文で表現しようとすると，両言語において非文が得られる．

⑬　＊The boy broke the vase worthless.

⑭　＊男の子は，台無しに花瓶を壊した．

　この場合，日本語においても，英語においても，以下のように2文を用いて表現するしかない．

⑮　The boy broke the base and it became worthless.

⑯　男の子は，花瓶を壊して台無しにした．

　結果構文については，様々な立場から分析が試みられているが，本章では，1997 年の高見健一氏の研究を取り上げる．対象となる文の構造に焦点を当てて分析する形式主義的なアプローチではなく，対象となる文の意味や機能に焦点を当てて分析する機能主義的なアプローチで結果構文の適格性を保証する条件について議論している．以下，結果構文に関する高見の研究を概観し，その妥当性を検討する．

1.　2 つのタイプの結果構文

(1)　語彙的結果構文

　1997 年の高見の研究では，結果構文には 2 つのタイプが認められると主張されている．「語彙的結果構文」と「論理的結果構文」である．まず，語彙的結果構文から見ていこう．同氏によれば，語彙的結果構文とは，構文の適格性が動詞の語彙的特性に大きく依存するもので，動詞が結果述語の意味を内在的に持っていたり，その意味を含意する場合に適格になり，このタイプの結果構文は，日英語両言語に認められる，という．次の例を見られたい．

⑰　The girl broke the glass to pieces.

⑱　Mary tinted her hair blonde.

⑲　＊John loves Mary happy.

⑳　＊The man touched the dog angry.

　⑰，⑱は結果構文として容認されるのに対して，⑲，⑳は容認されない．「女の子がコップを壊した」という事態と「コップが粉々になった」という事態を結果構文を用いて，1 つの文で表したり，結果構文によって「メアリーが髪の毛を染めるという行為を行う．その結果，髪の毛が金色になるという状態が生じた」といった事態を表現しうるのに対して，「ジョンがメアリーに好意を抱き，その結果，メアリーが幸せな気持ちになった」とか「男が犬に触るという行為を行う．その結果，犬が怒るという状態が生じた」といったことは，

ありうる事態ではあるが，結果構文では表現できないのである．⑰〜⑳に観察される文法性の違いを，高見は，それぞれの動詞の語彙的な特性の違いによって説明する．"break", "tint" は状態変化を表す動詞であり，その辞書的な意味は，それぞれ㉑，㉒のようなものになる．

㉑　break: to (cause to) separate into parts suddenly or violently

㉒　tint: to give a slight or delicate color to (the hair)

㉑，㉒は "Longman Dictionary of Contemporary English" の定義とのことであるが，最大公約数的な辞書記述と考えてよかろう．さらに，動詞 "break", "tint" の意味をより抽象的な意義素のようなものに分解して表すと以下のようになる．

㉓　break: [　] x CAUSE [[　] y　BECOME　[[　] y BE AT-[SMALL PIECES]]]

㉔　tint: [　] x CAUSE [[　] y　BECOME [[　]y BE AT-[COLORED]]]

㉑〜㉔に見られるように，動詞 "break", "tint" は結果述語 "to pieces", "blonde" の意味を内在的に持っており，そのことは，辞書記述の "into parts" および "color" の部分に，あるいは，意義素の "SMALL PIECES" および "COLORED" の部分に反映されている．換言すれば，結果構文⑰，⑱においては，動詞 "break" あるいは "tint" が内在的に持っている意味が，結果述語 "to pieces" あるいは "blonde" の形で言語化されたと言えよう．ただし，"SMALL PIECES" や "COLORED" で表される動詞 "break" や "tint" の内在的な意味は，必ずしも言語化される必要はない．結果述語を持たない㉕や㉖のような文が問題なく生じることができるからである．

㉕　The boy broke the vase.

㉖　Mary tinted her hair.

これに対して，結果構文を形成し得ない動詞 "love" および "touch" の辞書記述は次のようなものとなるという．

㉗　love: to feel love, desire, or strong friendship (for)

㉘　touch: to feel with a part of the body, especially the hands or fingers

先に見た "break" や "tint" が行為の受け手の状態が変化することを表したのに

対して，"love" や "touch" のような動詞は，目的語となっている名詞句の指示対象が状態変化を起こすといったことは表さない．心理状態や単なる動作を表すだけである．このような動詞は，結果述語の意味を内在的に持っているわけではなく，それゆえに⑲や⑳のような結果構文は容認されないと説明される．

　自動詞を含む結果構文についても同様の説明が与えられる．以下の例を見られたい．

㉙　a.　The pond froze solid.

　　b.　The butter melted to a liquid.

㉚　a.　＊The guests arrived sick.

　　b.　＊John came to my house breathless.

「池が凍り，その結果，池がカチカチに凍った状態になった」とか「バターが溶けて，その結果，ドロドロの状態になった」という事態は，結果構文で表現することが可能である．「客が到着し，その結果，体調が悪くなった」とか「ジョンが家にやって来て，その結果，息を切らしていた」といった事態は，多少の不自然さは伴うものの，ありうる事態であると思われるが，このような事態を結果構文の形で言語化することは不可能である．この事実を高見は，やはり同構文に含まれる動詞の性格に起因するものであると分析する．次の㉛，㉜は，動詞 "freeze"，"melt" および "arrive"，"come" の平均的な辞書記述と考えてよかろう．

㉛　a.　freeze: to <u>become solid</u> at a very low temperature

　　b.　melt: (of a solid) to <u>become liquid</u>

㉜　a.　arrive: to reach a place, especially the end of a journey

　　b.　come: to move towards the speaker or a particular place

㉛の下線部から明らかなように，状態変化を表す動詞 "freeze" と "melt" は，結果述語 "solid" や "to a liquid" に相当する意味を内在的に持っているが，㉜を見る限り，動詞 "arrive" や "come" は，単に動作や行為を表すだけで，状態変化は表さず，その辞書記述には，結果述語 "sick" や "breathless" に相当する意味が見当たらない．"freeze"，"melt" 等の動詞と "arrive"，"come" 等の動詞のこのような語彙的性格の違いが結果構文の容認性の異なりに反映しているというの

が高見の議論である．動詞"freeze"，"melt"が結果述語の意味を内在化させて
いることは，これらの動詞を㉝のように意味分解することによっても確認でき
る．

㉝　a. freeze: [　]y BECOME [[　]y BE AT- [SOLID]]

　　b. melt: [　]y BECOME [[　]y BE AT- [LIQUID]]

先に"break"や"tint"についても述べたように，"SOLID"や"LIQUID"で表さ
れる"freeze"や"melt"が持つ内在的な意味は，必ずしも結果述語として言語化
される必要はない．結果述語を伴わない㉞や㉟のような文は問題なく容認され
るからである．

㉞　The pond froze.

㉟　The butter melted.

語彙的結果構文は，英語だけでなく日本語にも認められるという．次例を見
られたい．

㊱　a.　太郎は皿を粉々に割った．

　　b.　花子はケーキを４つに切った．

㊲　a.　＊太郎は皿を粉々にさわった．

　　b.　＊花子は本をぼろぼろに読んだ．

「太郎が皿を割り，その結果，皿が粉々になった」とか「花子がケーキを切
り，その結果，ケーキが４つになった」といった事態は，結果構文を使って言
語化できる．これに対して，「太郎が皿にさわり，その結果，皿が粉々になっ
た」とか「花子が本を読み，その結果，本がぼろぼろになった」といった事態
は，㊱とは違って，「太郎が力が並外れて強い」とか「花子が同じ本をくり返
し繰り返し読んだ」といった言語外の情報ないし文脈が必要である．しかし，
このような事態の存在そのものは可能であると思われるにもかかわらず，結果
構文の形では言語化できず，㊳のような表現を用いなければならない．

㊳　a.　太郎は皿をさわって粉々にした．

　　b.　花子は本をぼろぼろになるまで読んだ．

㊱，㊲に見られる容認度の違いの原因を，高見は，やはり構文を成立させて
いる動詞の語彙的な性質の違いに求める．

　文法的な結果構文に含まれる動詞「割る」「切る」の辞書記述は，以下のようになる.

㊴　a.　割る：壊して<u>粉々にする</u>

　　b.　切る：刃物などで<u>別々にする</u>

㊴の下線部から明らかなように，状態変化を表す動詞「割る」「切る」は，結果述語「粉々に」「4 つに」に相当する意味を内在的に持っているのであるが，「さわる」「読む」は，単に動作や行為を表すだけで状態変化は表さず，結果述語「粉々に」や「ぼろぼろに」に対応する意味を内在的に持っているわけではない. このことが㊱，㊲の結果構文の容認性の異なりに反映していると考えるのである. 自動詞を含む結果構文についても，英語の同表現について見たのと同じ分析が行われている. 次例を見られたい.

㊵　a.　アイスクリームがかちかちに凍った.

　　b.　パンが真っ黒に焼けた.

㊶　a.　＊太郎がくたくたに歩いた.

　　b.　＊その銅像は，上野公園に有名に立っている.

「アイスクリームが凍って，その結果，かちかちになった」とか「パンが焼けて，真っ黒になった」といった事態の存在が認められるのと同様に，「太郎が歩いて，その結果，くたくたに疲れた」とか「銅像が上野公園に立てられて，その結果，有名になった」といった事態は，先に見た㊲がそうであったように，多少の文脈が必要であるが，その存在自体は認められよう.

　しかしながら，前者の事態は，結果構文による言語化が可能であるのに対して，後者の事態はそれが不可能である. このことも，動詞「凍る」「焼ける」と「歩く」「立つ」の語彙的な性格の違いによって説明される. 変化動詞「凍る」「焼ける」は，「凍った結果ある状態になる」とか「焼けた結果ある状態になる」といった意味を内在的に持つ. ㊵に現れている結果述語「かちかちに」や「真っ黒に」は，この内在的な意味が言語表現として実現されたものである.

　一方，動作動詞「歩く」「立つ」は，「歩いた結果ある状態になる」とか「立った結果ある状態になる」といった意味を持たないにもかかわらず，このような動詞が「くたくたに」とか「有名に」といった結果述語を伴って現れている㊶

のような結果構文は，非文法的なものとなる．

　これまで述べてきたように，高見は，結果構文の 1 つのタイプとして 語彙的結果構文の存在を認め，同構文は，構文の適格性が動詞の語彙的特性に大きく依存し，動詞が結果述語の意味を内在的にもっていたり，その意味を含意する場合に適格となり，日英語両言語に認められる，と主張している．次節では，もう 1 つのタイプの結果構文，すなわち，「論理的結果構文」について概観する．

(2) 論理的結果構文

　論理的結果構文とは，高見によれば，結果構文で述べられている行為や状態とその結果が，論理的因果関係で結びつけられており，行為や状態から結果状態を容易に想像できる，といった特徴を有するものである．以下の例を見てみよう．

　㊷　a.　The mountaineer froze to death.

　　　b.　The man was burned to death in the fire.

　　　c.　The gardener watered the tulips flat.

　　　d.　John boiled the lobster red.

「登山者が凍える」という事態と「その登山者が死ぬ」という結果や，「人が火で焼かれる」という事態と「その人が死ぬ」という結果とは，論理的因果関係で結びつけられている．また，「庭師がチューリップに水をやる」という行為から「その水をかけられたチューリップがぺちゃんこになる」という結果状態を想像したり，「ジョンがロブスターを茹でる」という行為から「茹でられたロブスターが赤くなる」といった結果状態を想像することは容易である．㊷にあげられているような結果構文の容認性は，行為や状態とその結果との間に論理的因果関係が認められるか否かに左右されるのである．行為や状態とその結果との間に論理的因果関係が認められない㊸のような結果構文は不自然なものとなる．

　㊸　a.　＊The painter died famous.

　　　b.　＊Mary tinted her hair short.

　　c.　＊John came to my house breathless.

　「画家が死ぬ」という事態と「画家が有名になる」という結果や，「メアリーが髪の毛を染める」という行為と「髪の毛が短くなる」という結果の間に論理的因果関係を認めるのは困難であるし，「ジョンが家にやって来る」という行為から「ジョンが息を切らしている」という結果状態を想像するのも難しいと思われる．

　また，㊸の各文は，語彙的結果構文であるとも考えられない．例えば，動詞"die"の意味を分解した結果得られる表示は，㊹のようなものになると思われるが，結果述語"famous"に相当する意味的な要素を見出すことはできない．

　㊹　die：[　]y BECOME [[　]y BE AT- [NOT ALIVE]]]

　さらに，先に見た㉔，㉖，㉜から明らかなように，動詞"tint"，"come"は，それぞれ結果述語"short"，"breathless"に対応するような意味を内在的に持っているわけではない．"tint"についていえば，結果述語"short"の意味は，この動詞が内在的に持っている [COLORED] の意味と矛盾することになる．

　高見は，英語の結果構文については，前節で議論した語彙的結果構文とともに論理的結果構文が認められるが，日本語の結果構文については，語彙的結果構文が認められるのみで，論理的結果構文は認められないとしている．㊷にあげられているような英語の結果構文は文法的であるが，これらに対応すると考えられる日本語の結果構文は，次の㊺に見られるように非文法的である．

　㊺　a.　＊その登山家は，死に凍った（凍えた）．

　　b.　＊その人は，火事で死に焼けた．

　　c.　＊庭師は，チューリップにぺちゃんこに水をかけた．

　　d.　？？太郎は，ロブスターを赤く茹でた．

　注意すべきは，「登山家が凍えて，その結果，死んだ」といった事態の存在は認められても，英語では，そのような事態が結果構文を用いて言語化できるのに，日本語ではできないということである．日本語では，このような事態を言語化するためには，以下のように，2 文にするか複合動詞を用いなければならない．

　㊻　その登山家は，凍え死んだ．

㊼ その登山家は，凍死した.

㊽ その人は，火事で焼け死んだ.

㊾ その人は，火事で焼死した.

㊿ 庭師は，チューリップに水をかけて，ぺゃんこにした.

㊸において英語の結果構文が容認されなかったのと同様に，日本語においても(51)のような結果構文は不可能である.

(51) a. ＊その画家は有名に死んだ.

b. ＊花子は髪を短く染めた.

c. ＊太郎はくたくたに家に来た.

これまで見てきたように，高見は，英語と日本語では，結果構文に対する意味的あるいは機能的制約が異なっており，英語では，語彙的結果構文と論理的結果構文の両方が認められるのに対して，日本語では，語彙的結果構文のみが許され，論理的結果構文は許されないと主張している．次節では，このような分析の妥当性を検討する.

(3) 日本語には論理的結果構文が許されないか？

これまでにも何度かふれてきたように，高見は，日本語においては，論理的結果構文は容認されないとの立場に立っているが，この分析の妥当性には問題があると思われる．次の例を見られたい.

(52) 花子は黒豆をやわらかく煮た.

(53) 花子はご飯をふっくらと炊いた.

(54) 太郎はヘッドフォンをさかさまにかけた.

(55) 太郎はセーターを裏表に着た.

(56) 明子は原稿を間違えて打った.

(57) 明子はブラウスを裏返しに脱いだ.

(58) 次郎は布を斜めに縫ってしまった.

(59) 次郎は布団を川の字に敷いた.

(52)～(59)の文が結果構文だとすると，これらの文に含まれる動詞が結果述語に対応する意味を辞書レベルで内在的に持っているとは考えられず，これらの構

文が語彙的結果構文として成立しているとは言い難い.

　これらの文が結果構文として容認されるのは, 例えば,「花子が黒豆を煮る」という行為と「黒豆がやわらかくなる」という結果との間に論理的因果関係が存在すると解釈できたり,「花子がご飯を炊く」という行為から「ご飯がふっくらとする」といった結果状態を想像できるからだと考えられる. このような見方が正しいものだとすると, 日本語にも論理的結果構文が認められるということになる.

　ただし, ㊾〜㊾のような文を論理的結果構文と分析するには, 論理的因果関係の概念をかなり拡張する必要があると思われる. 例えば,「太郎がセーターを着る」という行為と「セーターが裏表反対になる」という結果との間に論理的因果関係を読み込んだり,「明子が原稿を打つ」という行為から「原稿が間違っている」といった結果状態を想像することを可能にするためには, かなりの文脈や言語外情報の助けを借りる必要があると考えられるからである.

　日本語の結果構文にも論理的結果構文の存在を認めるという見方は, 2001年の轟の研究にも見られる. 轟の研究では, 1997 年の高見の研究における語彙的結果構文の分析は妥当であるとしたうえで「日本語の論理的結果構文では, 結果述語で表される結果状態が主語の指示物によって意図されたものでなければならない」と述べられており, その根拠として以下のような例をあげられている.

　　⑥　？？太郎はロブスターを赤く茹でた.

　　⑥　太郎はロブスターを真っ赤に茹でた.

　⑥のままでは不自然さが残るが, ⑥のように表現を補えば主語の意図性が増し, 容認されるようになるということであろう.

　　⑥　豆をくたくたに煮る.

　　⑥　(豆を煮ているということを忘れて, 長時間煮過ぎてしまった, というコンテキストで) *花子は豆をくたくたに煮た.

　⑥は, 問題なく容認されるが, ⑥のように, 主語の意図性が失われるような文脈では, 自然さが失われる.

　次の⑥と⑥の容認度の違いも, 主語の意図性の有無が関与している.

(64)　？？そばをくたくたに茹でる．

(65)　そばグラタンの作り方：まず，そばをくたくたに茹でます．

(64)のままでは文法性が確保されないが，(65)のように主語の意図性が読み込めるような文脈が与えられれば，自然な文となる．次例についても同様の分析が可能であろう．

(66)　湯を沸かして，ちょうどそばを入れたところへ，電話がかかってきた，電話が長引いてしまい，（そばを）＊くたくたに茹でてしまった．

「〜してしまった」といった当該の行為が非意図的なものであることを表す言語形式を伴った(66)のような結果構文は不自然であり，(67)のような表現を用いなければならない．

(67)　くたくたになるまで茹でてしまった．

ここまで見てきたような観察を踏まえて，轟は，日本語の論理的結果構文は，制限の大きい構文であるため，結果述語として独自の表現を使うことができず，日本語では，語彙的結果構文のほうが基本的であり，論理的結果構文に関しては，結果述語で表される結果状態が主語の指示物によって意図されたものである場合のみ，語彙的結果構文で用いられる結果述語を転用して論理的結果構文が作られるのである．したがって，語彙的結果構文で用いられていないような結果述語を使った論理的結果構文を作ることはできない，と結論づけている．

日本語において，語彙的結果構文が基本的で，論理的結果構文は制限が大きいかどうかは，さらに検討する必要がありそうであるが，語彙的結果構文以外に論理的結果構文の存在を認めるという点においては，筆者も立場を同じくしている．

ただし，(56), (58)が文法的な結果構文だとすると，結果状態が主語の指示物によって意図されたものである必要は必ずしもないように思われる．また，論理的結果構文が語彙的結果構文で用いられる結果述語を転用して作られ，語彙的結果構文で用いられていないような結果述語を使った論理的結果構文を作ることはできないという分析の妥当性にも疑問が残る．(52)〜(59)に含まれる結果述語のいくつかは，語彙的結果構文では用いられていない可能性があると考えられ

るからである.

2. 直接的影響と結果述語の性格

高見は, ⑱～⑳の事実から, 結果構文の結果述語は, 一般に, あるスケール上の終点を表すものに限られる, としている.

⑱ a. The gardener watered the tulips flat.

b. ＊The gardener watered the tulips droopy.

c. ？The gardener watered the tulips wet.

⑲ a. The hunter shot the tiger dead.

b. ？The hunter shot the tiger wounded.

⑳ a. John heated the coffee hot.

b. ＊John heated the coffee tepid.

確かに, これらの例を見る限りは, 高見の分析は妥当なものと思われるが, 以下のような事実も指摘している.

㉑ a. How flat did John hammer the metal?

b. How clean did Mary wipe the table?

㉒ a. ？？／＊How flat did the gardener water the tulips?

b. ？？／＊How red did you boil the lobster?

㉑, ㉒は, 以下にあげる㉓, ㉔がwh疑問化されたものであるが, 元の結果構文は, いずれも自然な文であるのに対して, wh疑問文になると容認度に違いが生じるわけである.

㉓ a. John hammered the metal flat.

b. Mary wiped the table clean.

㉔ a. The gardener watered the tulips flat.

b. I boiled the lobster red.

㉔の結果構文が㉒のようなwh疑問文になると, 非文になるというのは, 先の結果構文の結果述語がスケール上の終点を表すものに限られるとか, 同要素が動詞の表す行為の極端な結果状態を示す, といった高見氏の議論に沿うもの

であると思われる．結果述語が極端な結果状態を表すということと，そのような述語について程度を問うということが矛盾するからである．

　問題は，⑦の結果構文の結果述語も極端な結果状態を表すにもかかわらず，⑦に見られるように，その程度を問うことが可能であるということである．以下の例文から明らかなように，程度を問うwh疑問文ではなく，yes-no疑問文であれば非文が生じることはない．

⑦　a.　Did John hammer the metal flat?

　　b.　Did Mary wipe the table clean?

⑦　a.　Did the gardener water the tulips flat?

　　b.　Did you boil the lobster red?

　⑦,⑦のように，動詞が表す行為の過程が極端な程度にまで進んだか否かを問うことは自然であろう．しかしながら，結果述語が極端な結果状態を表すということと，それがhowで疑問化され，程度を問題にされうる，すなわち中間段階を問われうるということとは矛盾しないだろうか．高見は，⑦,⑦は一見両者とも論理的結果構文のように見えるが，⑦は語彙的結果構文であり，動詞"hammer"，"wipe"の辞書的な意味は⑦のように記述され，これらの動詞は，下線部に見られるように，結果述語"flat"，"clean"の意味を内在的に持っているという．

⑦　a.　hammer: to flatten with a hammer

　　b.　wipe: to pass a cloth/other material against (something) to remove dirt, liquid, etc.

　そして，⑦では，動詞と結果述語との結びつきが強く，このことが⑦のような疑問化を可能にしている，と説明されるのであるが，先に述べた類の疑問は依然として残ると思われる．

3. 9章のまとめ

　本章では，1997年の高見の研究における日英語の結果構文の分析の妥当性を検討した．同氏の英語の結果構文に関する議論は概ね妥当であると考えられるが，日本語には，論理的結果構文が成立しないという主張には疑問が残る．他の理論的枠組みを用いて行われた同構文についての研究の検討も含めて，さらに考察を深めなければならない．

　日本語の結果構文について，その語順が，英語と違って，事態生起の前後関係と合致しないので同構文が成立しない，あるいは，成立しにくいといった見方が可能なように思われるかもしれない．このような見方は，⑱,⑲のような例を見る限りでは可能なように感じられる．

⑱　a.　The man shot the deer dead.

　　b.　＊男は鹿を死に撃った．

⑲　a.　The girl watered the lily flat.

　　b.　＊女の子はユリにぺちゃんこに水をかけた．

　⑱bでは，「鹿を撃った」という事態と「鹿が死んだ」という事態の順序が対応する英語の結果構文と違って逆になっているように見えるし，⑲bでは，「ユリに水をかけた」という事態と「ユリがぺちゃんこになった」という事態の順序がやはり逆になっており，このことが日本語の結果構文が容認されないことの要因になっていると思われるからである．

　しかしながら，以下の⑳,㉑では，日本語でも結果構文が成立しており，このような見方は，適切ではないと考えられる．

⑳　a.　Mary painted the door black.

　　b.　花子はドアを黒く塗った．

㉑　a.　The girl broke the mirror to pieces.

　　b.　女の子は鏡を粉々に壊した．

　⑳bでは，「ドアを塗った」という事態と「ドアが黒くなった」という事態が，言語表現では前後関係が逆の形で配列されているが，結果構文としての自然さ

に問題はない．また，㉘bでも，「鏡を壊した」という事態と「鏡が粉々になった」という事態が，対応する英語の文と違って，言語表現上は線状関係が逆になった形で並べられているが，やはり，自然な結果構文が成立している．

このような事実が存在する以上，日本語の結果構文が成立するか否かを同構文の語順が事態生起の順序と合わないことと結び付けて議論するのは，適切ではないと言えよう．また，結果構文の議論からは離れるが，事態生起の順序関係とそれを表現する言語形式に見られる要素間の順序関係が一致しないという現象自体は，特殊なものではない．以下の例を見られたい．

㉒　太郎は明かりを消してから部屋を出た．

㉓　スイッチを押したから明かりが点いた．

㉔　明かりが点いたから部屋が明るくなった．

㉕　明かりが点くからスイッチを押してごらん．

㉒では，「太郎が明かりを消す」という事態に続いて「太郎が部屋を出る」という事態が生じたのであり，㉓では，「スイッチを押す」という事態に続いて「明かりが点く」という事態が起こったのである．さらに，㉔では，「明かりが点く」という事態に続いて「部屋が明るくなる」という事態が生じている．

これらの例に対して，㉕では，「明かりが点く」という事態が生じるのは「スイッチを押す」という事態が生じた後であるはずであるが，言語表現の上では，前者が後者に先行して現れている．複文と単文の違いはあるが，事態間の順序関係と言語表現上の順序関係が一致していないという点では，㉕のような表現と㉘b,㉘bのような結果構文とは同様である．

日本語と英語の結果構文を観察していると，そもそも日本語に結果構文の存在を認めること自体に無理があるのではないかという疑問も残る．よく知られているように，英語については，以下のような言語事実が観察されることから，結果構文の存在を認めることに意味があると考えられる．

㉖　Mary shouted.

㉗　＊Mary shouted herself.

㉘　＊Mary shouted hoarse.

㉙　Mary shouted herself hoarse.

　動詞"shout"は自動詞であり，⑧⑦,⑧⑧のような文は容認されないが，結果構文という特殊な表現の枠組みの中では他動詞のように振る舞いうるのである．以下の例についても同様である．

　　⑨⓪　Mike ran.

　　⑨①　＊Mike ran his shoes.

　　⑨②　＊Mike ran threadbare.

　　⑨③　Mike ran his shoes threadbare.

　しかしながら，日本語については，英語の⑧⑥〜⑨③に相当するような現象を見出しうるか否かは判然としない．こういった点も含めて，特に日本語の結果構文については，さらに考察を深めていくべき問題が多いといえる．

第 **10** 章

日英語の伝聞表現について

　情報を分類する仕方には様々なものがある．代表的なものとしては，「新情報」「未知情報」「旧情報」「既知情報」といったものがある．「旧情報」あるいは「既知情報」とは，発話に先立って，話し手が聞き手の意識の中に存在するであろうと想定しうる情報であり，「新情報」あるいは「未知情報」とは，発話に先立って，話し手が聞き手の意識の中に存在しないであろうと想定しうる情報である．

　情報を分類する際には，話し手が当該の情報をどのようにして獲得したかを問題にすることもできる．すなわち，話し手が直接見聞きして得た情報と話し手が間接的に得た情報を区別することができる．前者は，通常①のようにモダリティを伴わない直接形を用いて表されるのに対して，後者は，②のように伝聞のモダリティを伴って表現される．

　　①　太郎は花子と結婚する．

　　②　太郎は花子と結婚するそうだ．

日本語の伝聞表現が「そうだ」「という」といった文末形式を取るのに対して，英語の伝聞表現は，"I hear that ～ " "They say that ～ " "It is said that ～ "といった複文構造を取る場合が多いように思われる．

　　③　I hear that John will get married with Mary.

　　④　They say that John will get married with Mary.

　　⑤　It is said that John will get married with Mary.

　本章では，日本語と英語の伝聞表現を考察の対象とし，構文レベルおよび談話レベルでの比較対照を行う．

1. 感嘆表現との共起関係

本節では，日本語と英語の伝聞表現が感嘆表現と共起しうるかどうかを考察する．まず，日本語の感嘆表現について簡単に見ておこう．

⑥　太郎は上手に英語を話す．

⑦　太郎はとても上手に英語を話す．

⑧　＊太郎は何と上手に英語を話す．

⑨　太郎は何と上手に英語を話すのだろう．

感嘆表現「何と」は，強意副詞「とても」とは異なり，モダリティ表現を要求することが分かる．さらに以下の例を見られたい．

⑩　太郎は速く泳ぐ．

⑪　太郎はとても速く泳ぐ．

⑫　＊太郎は何と速く泳ぐ．

⑬　太郎は何と速く泳ぐのだろう．

⑭　太郎は何と速く泳ぐそうだ．

⑮　何と太郎は速く泳ぐそうだ．

⑭⑮から明らかなように，伝聞を表す「そうだ」は，感嘆表現「何と」と共起可能である．

次に，英語において伝聞表現と感嘆表現が共起しうるか否かを見てみると，日本語の対応表現とは異なり，両表現が共起することは不可能である．以下に日本語の例と共に英語の例をあげる．

⑯　太郎は優秀な学生だ．

⑰　John is a good student.

⑱　太郎はとても優秀な学生だ．

⑲　John is a very good student.

⑳　太郎は何と優秀な学生だろう．

㉑　What a good student John is!

㉒　太郎は何と優秀な学生だそうだ．

㉓　何と太郎は優秀な学生だそうだ.

㉔　＊I hear what a good student John is. (cf. I hear that John is a good student.)

㉕　＊They say what a good student John is. (cf. They say that John is a good student.)

㉖　＊It is said what a good student John is. (cf. It is said that John is a good student.)

㉔〜㉖から明らかなように, "I hear" "they say" "It is said" といった表現は, that節とは共起しうるが感嘆文とともに用いられることはない. 以下の例についても同様の議論があてはまろう.

㉗　太郎は速く走る.

㉘　John runs fast.

㉙　太郎はとても速く走る.

㉚　John runs very fast.

㉛　太郎は何と速く走るのだろう.

㉜　How fast John runs!

㉝　太郎は何と速く走るそうだ.

㉞　何と太郎は速く走るそうだ.

㉟　＊1 hear how fast John runs. (cf. I hear that John runs fast.)

㊱　＊They say how fast John runs. (cf. They say that John runs fast.)

㊲　＊It is said how fast John runs. (cf. It is said that John runs fast.)

　英語では, 伝聞を表すと思われる "I hear", "they say", "it is said" といった表現形式は感嘆表現と共起しない. これは, 感嘆文が話者の主観を含み, 名詞化ないし従属節化ができないためであると考えられる.

　以下に感嘆表現と伝聞表現が共起した日本語の実例をいくつかあげておく（下線部は筆者による. ＃は談話の冒頭であることを表す）.

㊳　いろりを囲むように, 土間一面にかます（ワラムシロの袋）が敷いてある. なんと, 家族が一人一人このなかにもぐりこんで眠った, <u>という</u>. あばら家のなかの「直土に藁解き敷きて」寒さに耐えた, と山上

憶良が詠んだ万葉時代と，これは変わらない．（毎日新聞 1997 年 11 月 10 日）

㊴ この猫が，話を聞くだけでも私などには身の毛がよだつ化け猫なのだ．<u>なんと</u>，その猫，涙を流してよよと泣く<u>という</u>．（森瑶子『別れの予感』）

㊵ 厚木飛行場から横浜へ向かうマッカーサー一行の車列の先頭は<u>なんと</u>真っ赤な消防自動車だった<u>という</u>．日本側がよせ集めた木炭車をふくむ乗用車，トラック数十台は，日本軍兵士が道に背を向けて警戒する中，人けのない街道を進んだ．（毎日新聞 2005 年 8 月 30 日）

㊶ さて今「太陽が昇るところや沈むところを見たことがない」という子供が<u>なんと</u> 42％にのぼった<u>という</u>．生活家庭面の企画「子育て応援」で紹介されていた関西の小学生の調査である．（毎日新聞 2004 年 4 月 23 日）

㊷ 斜面のこう配が 15 度以上で，土石流が発生した場合，影響を受ける民家が 5 戸以上あるところを建設省は「土石流危険渓流」と呼んでいる．その「土石流危険渓流」は，<u>何と</u>全国で 7 万 9318 か所ある<u>そうだ</u>．全国どこに行っても危険地帯だらけ．8 万匹のヘビがとぐろを巻いている．（毎日新聞 1997 年 7 月 11 日）

㊸ プロ野球のイチロー選手がメジャー挑戦，という話題で日本中が沸いている．<u>なんと</u>野手では，初めての挑戦だ<u>そうだ</u>．同じ日本人として，ぜひ彼には世界の舞台で大活躍してほしい．（毎日新聞 2000 年 12 月 23 日）

㊹ 米国では自主的な販売中止を指示しており，販売禁止に向けた手続きをしているというのに，<u>なんと</u>日本の厚生省は，「当面回収などの指示をする考えはない」<u>そうだ</u>．（毎日新聞 2000 年 11 月 15 日）

㊺ #神様が世界をつくったとき，<u>なんと</u>うっかりしてブルガリアに土地をあてがうのを忘れてしまった<u>そうだ</u>．神様は，そこで仕方なく天国の一部をブルガリアに分け与えた．こんな言い伝えがある．（毎日新聞 2005 年 12 月 1 日）

⑯　2 〜 3 月危機に襲われると心配された日本すら，<u>何と</u> 2 〜 3 月に底入
　　れした<u>ようだ</u>．その要因は輸出急増に尽きるのだから，落第生日本す
　　ら米国中心の景気回復の波に乗らんばかりの気配がする．（毎日新聞
　　2002 年 6 月 7 日）

⑰　バグダッド郊外のアブグレイブ刑務所と言えば，旧フセイン体制下で
　　多数の政治犯などが虐待，拷問，処刑された恐怖の施設で知られる．
　　<u>こともあろうに</u>，その施設内で収容者や拘束者たちが集団虐待を受け
　　ていた<u>という</u>．（毎日新聞 2004 年 5 月 7 日）

　以上，本節では，日英語の伝聞表現と感嘆表現との共起関係を見た．他から
伝え聞いた情報を驚きの気持ちを持って伝えるといったことは，日本語におい
ても英語においてもありうることであると思われる．しかしながら，日本語に
おいては，伝聞表現が感嘆表現と共起可能であるのに対して，英語では不可能
である．

2.　談話における機能

　本節では，伝聞表現が談話において果たす役割について考察を進める．日本
語の伝聞表現を観察すると，次例のように，同表現が談話の冒頭に現れうるこ
とが分かる（＃は談話の冒頭であることを示す）．

⑱　＃懲戒免職になった米デンバー前総領事はパーティー参加者から「閣
　　下」「閣下殿」と奉られていた<u>という</u>．館員にも自分を「閣下」と呼
　　ばせていたそうだ．前総領事は週に 1 〜 2 回，日系人を招いて小規
　　模なパーティーを開いて懇談していたというから積極的な人だったに
　　違いない．それにしても「閣下殿」とは！盛り場でサラリーマンが「社
　　長」と声をかけられて，仕方がない，一杯やるか，とでれでれになる
　　あのメカニズム．（毎日新聞 2001 年 7 月 28 日）

　類例を以下にいくつかあげる．

⑲　＃「幸運が重なった」と興奮気味に語った<u>という</u>．世界一周を果たし
　　たあと，サハリン沖で消息を絶ち，漂流しているところを無事救助さ

れた幸運な4人．4人の乗った「ピラタスPC12」は飛行中，エンジンが突然停止し，海上に不時着した．折から無風状態で，着水時の衝撃がなかったこと，救命ボートに保温着と非常食があったこと，未明だったために発射した信号弾で相手の貨物船がすぐに応じてくれたこと…幸運の連鎖だ．（毎日新聞2001年7月10日）

㊿ ＃薬害エイズ事件の松村明仁被告は東京地裁で検察側から禁固3年を求刑された瞬間，無表情で3年と書き込み，丸で囲んだという．無意識に役所の癖が出たのだろう．この元厚生省生物製剤課長は公判で「わが国では血友病患者の中でクリオ製剤の使用者が少なく」「わが国の血液事業もやっと近代化され」「わが国においては外国由来の血漿に頼ることをやめ」などと「わが国」を連発していた．「わが国」というのも役人の癖だ．（毎日新聞2000年12月29日）

(51) ＃仙台市の北陵クリニックは，全身麻酔をするときに使う危険な「筋弛緩剤」を1階の薬局に無造作に置き，鍵をかけなかったという．職員はだれでも自由に出入りできる．事件後，半田郁子副院長は「弛緩剤が減っているような感じがあった」と語っていたが，クリニックには無防備とむとんじゃくが支配していた．薬局に施錠して，さらに薬事法に指定されている毒薬，劇薬を金庫に入れて鍵をかければ，事件は多分防げただろう．（毎日新聞2001年1月12日）

このような談話の冒頭部分に現れる伝聞表現が談話において果たしている機能は，談話にトピックを導入することであると思われる．次例では，談話の冒頭に現れた伝聞表現によって「情報を思い出すには覚えるよりも相当多くの時間を要すること」がトピックとして談話に導入され，後続部分に導入されたトピックに関する記述が続いていることが分かる．

(52) ＃情報を思い出す時間は覚える時間の35倍かかるという．科学技術振興事業団プロジェクトと岡崎国立共同研究機構生理学研究所などがサルを使って実験した結果だそうだ．かく言う人間も「ええ，それはですね，つまりその…」と冷や汗をかきながら懸命に思い出そうとすることがしょっちゅうある．せっかくのどまで出かけたのに，脳の奥

にさっさと薄情に引っ込むことだってないわけではない．サル君の記
憶力は大したものだ．（毎日新聞 2001 年 1 月 27 日）

さらに，以下にあげる例を検討してみよう．

㊾　#ワシントンで覚えた言葉だが，米軍に「マザー・テスト」という俗
語があるそうだ．国民の命を預かり，兵士を危険な任務に送る最高責
任者は大統領．その資質と判断を問う試練をさす．大統領は命令書に
サインするだけ．死ぬのは一線の兵士たち．命令とはいえど，愛す
る息子や娘を奪われた母親たちは嘆き，悲しみ，どん底に沈む．その
時，それがいかに国家のために尊い犠牲だったかを衷心から説明し，
納得してもらう．母（マザー）の許しを求める試練だから「マザー・
テスト」．自ら死地に身をさらさない最高司令官の究極の使命だ．（毎
日新聞 2002 年 9 月 24 日）

本例においては，談話の冒頭に現れた伝聞表現によって「マザー・テスト」
が談話にトピックとして導入されており，後続する文脈にこの「マザー・テス
ト」に関する記述が現れていることがよく分かる．類例を以下にいくつかあげ
ておく．

㊿　#アフリカ大陸の最西端セネガルは土地の言葉で「私の舟」，中西部
のカメルーンは「エビの多い川」という意味だそうだ．たゆたう舟，
悠然と流れる川．セネガル代表チームの事前キャンプ地，静岡県藤枝
市の W 杯担当課長が自殺した．課長は「日本と感覚が違うので大変」
と周囲にこぼしていたという．セネガル代表の到着が遅れたり，届く
はずの民芸品が来なかったり，気をもむことが多く，気の毒に神経を
すり減らしたようだ．（毎日新聞 2002 年 5 月 22 日）

㊱　#来年度から使われる高校国語教科書に作家・山田詠美さんの小説
「ぼくは勉強ができない」が載ることになっていたが，検定意見がつ
いて別の作家の作品と差し替えられたそうだ．問題になったのは，作
中で小学 5 年生の同級生がもらした「馬鹿だから」という一言．検定
で「特定の児童に対する差別的な言動についての適切な手当がなく，
必要な配慮を欠いている」と指摘され，出版社は自主的に山田さんの

作品を削除した．（毎日新聞 2002 年 4 月 11 日）

㊺ ＃英国の翻訳会社が，世界の言語学者 1000 人に翻訳の難しい単語は
　　何か聞いたそうだ．その結果，1 番になったのはコンゴ共和国南東部
　　で用いられるテルーバ語の「ilunga」だった．その意味は「1 度目は
　　どんな悪口を言われても許し，2 度目も我慢するが，3 度目は絶対許
　　さない人物」だ．第 2 位はイディッシュ語（東欧のユダヤ系言語）の
　　「shimazl」で「慢性的に不幸な人」である．（毎日新聞 2004 年 7 月
　　25 日）

㊼ ＃ブッシュ米大統領が演説で「自由の拡大」を呼びかけて以来，イス
　　ラエル現職閣僚のナタン・シャランスキー氏の著書が話題を呼んでい
　　るそうだ．シャランスキー氏は旧ソ連時代のウクライナ生まれのユダ
　　ヤ人．「ソ連の水爆の父」と呼ばれ，後に反体制知識人の象徴となっ
　　たサハロフ博士の支援者として西側で注目されていたが，自身も「米
　　国スパイ」の罪名でシベリアなどに 9 年間も収監された．86 年にイ
　　スラエル移住を許されている．（毎日新聞 2005 年 2 月 12 日）

本書では，「という」「そうだ」といった表現以外に，「ようだ」「らしい」と
いった表現も伝聞表現として扱う．以下に見られるように，「ようだ」「ら し
い」といった表現は，「という」「そうだ」といった表現と同様に，情報の出所
を表す「〜によると」という表現と共起しうるからである．

㊽ 新聞によると，事故で 50 人が死亡したという／そうだ／ようだ／ら
　　しい／＊だろう／＊かもしれない／＊にちがいない．

㊾ 花子によると，太郎は大学に合格したという／そうだ／ようだ／らし
　　い／＊だろう／＊かもしれない／＊にちがいない．

以下の例では，談話の冒頭に伝聞表現「ようだ」「らしい」が現れ，これま
でに見た例と同様にトピック導入機能を果たしている．

㊿ ＃昔の人はヘビの脱皮を見て，生命そのものが再生し，若返るのだと
　　考えたようだ．古代メソポタミアの「ギルガメッシュ叙事詩」には
　　王ギルガメッシュが，永遠の生命を求める遍歴で不死の草を手に入れ
　　ながら，ヘビにその草を盗まれてしまうという物語がある．沖縄の昔

話にも，神がヘビを殺そうとして死水と生き水を浴びるよう動物たち
に命じたが，頭のいいヘビだけがみんなより先にきて不死の生き水を
浴びてしまう話がある．おかげで他の動物は死水を浴びて死を運命づ
けられてしまった．（毎日新聞 2003 年 9 月 23 日）

㉖ #北朝鮮の金正日総書記がおかんむりの<u>ようだ</u>．きっかけは「米国務
省きってのタカ派」と呼ばれるボルトン国務次官が先月末，ソウルで
行った講演だ．「金正日は」と 41 回も呼び捨てで連呼し，痛烈に非
難したからだそうだ．さっそく講演の全文を読んでみた．「金正日は
自らの失政の結果を受け止めずに王族のような暮らしを楽しみ，数
十万人を収容所に監禁している」「数百万の民は絶望的貧困の中で，
泥をあさって食物を探している」「国民の生活は地獄のような悪夢だ」
とは確かに手厳しい．（毎日新聞 2003 年 8 月 18 日）

㉖ #アフリカ・チャド生まれのトゥーマイは生前，相当いかつい顔をし
ていた<u>ようだ</u>．死んだ年齢は分からないが，男性<u>らしい</u>．きのうの新
聞に載った彼の頭骨化石をじっくり見る．目の上の「ひさし」が怖い
ぐらい飛び出ている．600 万年前から 700 万年前，人類史を 100 万
年近くさかのぼらせる最古の人類である．トゥーマイは現地語で「生
命の希望」の意味という．顔つきに似合わない愛称に思えるが，サル
（類人猿）からヒト（人類）になったばかり（？）だから，いかつさ
は仕方ない．（毎日新聞 2002 年 7 月 12 日）

㉖ #古くから「完全なる大使」がいろいろ論じられてきた<u>らしい</u>．16
世紀末のイタリア人の著作をもとに，矢田部厚彦氏が現代版「完全
なる大使」を描いている．（「職業としての外交官」文春新書）．以下，
その短縮版．《英語は当然．ほかに仏・独・露・スペイン・アラビ
ア・中国語のいずれか（できれば複数）に堪能で，国際法・公法・私
法に通じ，国際経済はもとより経済・財政全般，環境，人口，老人問
題，軍事戦略に関する豊富な知識と，科学技術的常識，文学・音楽・
美術に関する深い教養を持つ》．（毎日新聞 2002 年 7 月 30 日）

㉖ #清少納言はかなりの碁打ちだった<u>らしい</u>．「あそびわざは，小弓．

碁.」と「枕草子」にある．囲碁は中国で生まれた．日本に伝わったのはかなり古い．奈良時代にはもうあちこちの貴族の館で碁石の音が響いていたと思われる．縦横 19 本（路）の線が盤上に 361 個の交点（目）を作る．黒白 2 つの石が，この目の陣取り合戦をする．黒が先番．やはり先に打つ方が有利である．公式戦ではコミというハンディが設定されている．（毎日新聞 2002 年 10 月 17 日）

以下にあげる例では，情報の出所が「～によると」といった言語表現によって明示されている．

⑥⑤ #旧約聖書によると，はじめてワインを飲んで酔っ払い，裸になった人類はノアだそうだ．箱船を出てノアは農民となり，ブドウ畑をつくり，ブドウ酒を仕込んだという．大洪水のあと，箱船の着いた場所がアララテの山．トルコとアルメニア国境に接するアララト山（5165メートル）がそれらしい．ノアの子孫がアルメニア人と現地の人は信じている．そのアララト山から約 50 キロ離れた首都エレバンでとんでもない事件が持ち上がった．（毎日新聞 1999 年 10 月 29 日）

⑥⑥ #最近，粗集計の終わった国際交流基金の調査によると，1998 年度に世界で日本語を学習している人の数は約 200 万人に上るそうだ．年次をさかのぼって累積すると，現在，世界で日本語を勉強している人々の数は少なく見積もっても 500 万人．正規の学校を経ないで，体験的に日本語を身につけた人々を含めると，1000 万人を超える人々が日本語を話すようになってきている，と社会学者の加藤秀俊さんは推測している．（毎日新聞 1999 年 6 月 26 日）

トピックには，談話全体のトピックとして設定されうるものと，談話が展開する中で他のトピックに取って代わられる一時的なトピックとでもいうべきものとに分けることが可能であると思われるが，伝聞表現によって談話の冒頭に導入されるトピックは談話全体のトピックとして機能していると思われる．以下にあげるのは，談話の冒頭部分に現れた伝聞表現によって導入された要素が談話全体のトピックであることが明示的に理解されうる例である．談話の冒頭部分と最後の部分を示してある．

⑥⑦　#かたくなに我意を押し通すことを「いこじ」というが，一説には意
地っ張りで頑固であることを示す「いこづる」という古語から生まれ
た<u>という</u>．それが「依怙地」とあて字をされるようになったのは，とか
かく我意は「依怙」一偏りを生じやすいからだろう．首相として終
戦の日に 21 年ぶりの靖国参拝に踏み切った小泉純一郎首相は，むろ
ん自分を依怙地とは思っていないに違いない．むしろ別の説で「い
こじ」の語源とされる「意気地」を，5 年前の公約実現という形で通
したつもりなのかもしれない．（中略）ほかならぬ日本国民とその子
孫の運命を一身に担う首相である．一国の指導者の行動はそれがどん
な善意や理想によるものであれ，判断を誤れば国民，国家を危うくす
る．その責任をすべて潔く引き受けるのが政治家の誇りのはずだ．そ
こに「世界注視の私事」などあろうはずがない．<u>依怙地も，意気地も
どだい我執である</u>．政治指導者が一瞬も目を離してはならないのは，
公私を問わず自らの判断や行動が引き起こす結果であり，それにとも
なう責任だ．政権末期だといってタンカで見物人を喜ばせている場合
ではない．（毎日新聞 2006 年 8 月 16 日）

談話の冒頭において「いこじ」がトピックとして伝聞表現によって導入され，
同要素が中略部分をはさんで，談話の最後の部分にいたってもトピックであり
続けていることが分かる．このことは，特に談話の最後の部分の下線部に見て
取ることが可能であると思われる．以下にあげる例についても同様の分析があ
てはまろう．

⑥⑧　#「揣摩憶測」は当て推量のことだが，昔の中国には“揣摩の術”と
いうのがあった<u>そうだ</u>．人の心を読み取る術のことで，戦国時代，強
国の秦に対する共同戦線一「合従」策を他の 6 国に説いた蘇秦はこ
の術を使ったという．「鶏口となるも，牛後となるなかれ」は，その
蘇秦が小国の韓の王に，秦への服従を思いとどまるよう説得した際に
使った当時のことわざだ．王の自尊心を読み，それを操って対秦同盟
への参加を決断させたわけで，これも術の成果なのだろうか．（中略）
この手のM&Aが日本でも珍しくなくなるかどうかを占ううえでも注

目を集める両ケースだ．株主はもちろん，従業員などのステークホルダー（利害関係者）の心中を読み，その理解を得られるのはいったい誰か．揣摩の力量が試される．（毎日新聞 2006 年 8 月 9 日）

(69) #「早起きは三文の得」とは，一説に早寝早起きで夜の灯火の油代が節約できたからだといわれる．実際，江戸時代の庶民にとって油代はかなりの負担だったようだ．暗くなったら寝てしまうのが手っ取り早い生活防衛策だった．灯油に主に使われたのは菜種油で，江戸後期の文化年間には 1 升（1.8 リットル）400 文程度の値段だったという．仮に 1 文 30 円で換算すると 1 万 2000 円だから，今から見てもとんでもない高値である．貧しい庶民は，安値だがニオイのきついイワシの油をがまんして使ったそうだ．（中略）ガソリンの小売価格が最高値を更新したとのニュースが人々のまゆをひそめさせる夏だ．将来を期待されるバイオ燃料もいいことばかりでもない．ここは油代の高値を，省エネのライフスタイルでしのいだご先祖の知恵に学びたい．（毎日新聞 2006 年 8 月 10 日）

(70) #「こころ」は「凝る」という言葉から生まれたとの説が有力だという．『広辞苑』には「禽獣などの臓腑のすがたを見て，コル（凝）またはココルといったのが語源か．転じて，人間の内臓の通称となり，更に精神の意味に進んだ」という説明が最初に書かれている．なるほど心は，ややもすれば凝り固まりがちだ．いつもしなやかに，伸びやかな気持ちで生きたいとは誰もが願う．しかし人の世の幾重にも重なるしがらみの中で，人の心はやがて自由を失い，時には動きがとれないまでに固まってしまう．（中略）問われているのは，学校の考える「いじめ」の定義ではない．なぜ少女の生きるはずの未来が失われたのか，なぜそれを救えなかったのか一である．この間の各地のいじめ問題での学校や教育委員会の有り様を見れば，「いじめ」を認めようとしない心の凝り固まりが，子供をいっそう追い詰めてはいないかと心配になる．いじめにあっている少年少女にはもう一度呼びかけたい．いじめは君の心の自由を奪い，絶望で凝り固まらせようとする卑劣な行為

だ．決して君にしか描けない君の将来の夢を断ち切ってはいけない．
（毎日新聞 2006 年 10 月 31 日）

⑦　#「職業」を表す英語の「ボケーション」の語源はラテン語の「呼び
　　声」という．「コール（呼ぶ）」の進行形の「コーリング」も職業を表
　　す．つまりは人は神様からの呼び声に応じて職業につくのだ．それは
　　授けられた使命や天職という意味合いが強かった．自分の仕事を天職
　　とし，それに励む生き方は日本でも大切にされてきた．仕事を神や天
　　から授けられた使命とみなすことで，人はよりよく生きることができ
　　る．たとえば「子供を守る」仕事はどうだろう．いかにも神様が人に
　　授けそうな使命である．（中略）子供を何とか守ろうと地域は取り組
　　んでいたのだ．「家に帰りたくない」という拓夢ちゃんの泣き声も児
　　童相談所に届いていたはずだ．そのいきさつについて児童相談所の責
　　任者は，担当者と住民との間で「温度差があった」と語る．まるで人
　　ごとだ．ほとんど親から与えられる苦しみしか知らなかった 3 年余
　　の生に「夢を拓く」という名があまりに悲しい．同じ境遇に置かれた
　　多くの子供のため，全国の児童相談所員はその使命を呼びかける声に
　　耳をすまし，しっかりと心に刻んでほしい．（毎日新聞 2006 年 10 月
　　25 日）

　トピックの生起位置について考えてみた場合，談話全体のトピックは，談話
の初め，中ごろ，終わりのうち，談話の冒頭部分に設定されるのが自然である
と考えられる．しかしながら，談話の冒頭部分は，先行文脈が存在しないた
め，通常，聞き手の知識に依存する形での情報提示が困難である．本節では，
伝聞表現が談話の冒頭部分に現れ，談話全体のトピックを導入している例を見
てきたが，伝聞表現は，情報の出所が話し手でも聞き手でもないことを明示す
る言語形式である．伝聞表現を用いることで，話し手は，聞き手の知識状態に
依存することなしに情報を提示することが可能になるわけである．先行文脈が
存在せず，通常，聞き手の知識に依存することができない談話の冒頭部分で
あっても，伝聞表現を用いて談話主題を提示することは可能である．

　英語の伝聞表現については，これまでのところ，筆者は同表現が談話の冒頭

部分に現れた例を見つけられないでいる．英語の伝聞表現の談話における生起位置と同要素が日本語の伝聞表現と類似のトピック導入機能を果たしうるか否かについては，今後さらに詳細な観察を行う必要がある．

3. 10章のまとめ

本章では，日本語と英語の伝聞表現を構文レベルおよび談話レベルで比較した．構文レベルで両言語の伝聞表現を比較したところ，日本語の伝聞表現が感嘆表現との共起が可能であるのに対して，対応する英語の伝聞表現ではそれが許されないことが明らかとなった．

談話レベルで両言語の伝聞表現の振る舞いを観察したところ，日本語の伝聞表現は，談話の冒頭部分に現れ，談話全体のトピックとして機能しうることが分かった．英語の伝聞表現については，同要素が談話の冒頭部分に現れうるか否かが検証できていない．英語の伝聞表現に日本語の伝聞表現と同様のトピック導入機能が認められるかどうかを明らかにすることが，今後の課題として残されている．

■引用・参考文献■

1 章

(1) Akmajian, A. 1970. "On deriving cleft sentences from pseudo-clefts sentences" *Linguistic Inquiry*. Vol. 1, No. 2.

(2) 天野政千代　1976「分裂文の焦点の位置における副詞」『英語学』14 号.

(3) Emonds, J. E. 1970. "Root and structure-preserving transformations" Indiana University Linguistics Club.

(4) 福地肇　1985『談話の構造』大修館書店.

(5) Higgjns, F. R. 1976. "The pseudo-cleft construction in English" IndianaUniversity Linguistics Club.

(6) Inoue, K. 1982. "An interface of syntax, semantics, and discourse structures" *Lingua* 57.

(7) 永野賢　1951「「から」と「ので」はどう違うか」『国語と国文学』29-1

(8) Nakada, Seiichi, 1979. "Kara and node revisited' *Journal of the Association of Teachers of Japanese*

(9) 大塚高信, 中島文雄（監修）1982『新英語学辞典』研究社

(10) Quirk *et al.* 1985. *A Comprehensitve Grammar of the English Language*. Longman.

(11) 霜崎實　1983「形式名詞「の」による代名用法の考察」『金田一春彦博士古稀記念論文集 第一巻 国語学編』三省堂.

2 章

(12) Chafe,W. L. 1976. "Givenness, contrastiveness, definiteness, subjects, topics, and point of view" In：Li, Charles N. (ed.) *Subject and Topic* Academic Press

(13) Collins, P. C. 1991. *Clefts and Pseudo-Cleft Constructions in English* Routledge

(14) Declerck, R. 1984. "The pragmatics of It-clefts and Wh-clefts" *Lingua* 64

(15) 福地肇　1985『談話の構造』大修館書店.

(16) 伊藤晃　1992　"A contrastive analysis of Japanese and English cleft sentences"　神戸市外国語大学修士論文

(17) 神尾昭雄　1990『情報のなわ張り理論―言語の機能的分析』大修館書店

(18) Prince, Ellen F. 1978. "A comparison of wh-clefs and it-clefts in discourse" *Language* Vol. 54 No. 4

(19) Prince, Ellen F. 1986. "On the・Syntactic Marking of Presupposed Open Propositions" *CLS* 22

(20) 関茂樹　1985「分裂文と疑似分裂文の語用論再考」『人文研究』第 37 巻　第 6 分冊　大阪市立大学

3 章

(21) Chafe,W. L. 1976. "Givenness, contrastiveness, definiteness, subjects, topics, and point of view" In：Li, Charles N. (ed.) *Subject and Topic* Academic Press

(22) Declerck, R. 1984. "The pragmatics of It-clefts and Wh-clefts" *Lingua* 64

(23) 福地肇　1985『談話の構造』大修館書店.

(24) Inoue, K. 1982. "An interface of syntax, semantics, and discourse structures" *Lingua* 57.

(25) 伊藤晃　1992b　"A contrastive analysis of Japanese and English cleft sentences"　神戸市外国語大学修士論文

(26) Prince, Ellen F. 1978. "A comparison of wh-clefs and it-clefts in discourse" *Language* Vol. 54 No. 4

(27) Prince, Ellen F. 1985. "Fancy syntax and shared knowledge" *Journal of Pragmatics* 9.

(28) Prince, Ellen F. 1986. "On the・Syntactic Marking of Presupposed Open Propositions" *CLS* 22

(29) Prince, Ellen F. 1990. "Syntax and Discourse：A Look at Resumptive Pronouns" *BLS* 16.

(30) 関茂樹　1985「分裂文と疑似分裂文の語用論再考」『人文研究』第 37 巻　第 6 分冊　大阪市立大学

4 章

(31) 小西友七（編）1989『英語基本形容詞・副詞辞典』研究社

(32) 永野賢　1951「「から」と「ので」はどう違うか」『国語と国文学』29-1

(33) Nakada, Seiichi, 1979. "Kara and node revisited" *Journal of the Assoclatzon of Teachers of Japanese*

(34) 中右実　1980「文副詞の比較」国広哲弥（編）『日英語比較講座』第 2 巻　文法　大修館書店

(35) 大塚高信, 中島文雄（監修）1982『新英語学辞典』研究社

(36) Quirk *et al.* 1985. *A Comprehensitve Grammar of the English Language*. Longman.

(37) 澤田治美　1993『視点と主観性 — 日英語助動詞の分析 —』ひつじ書房

(38) Schreiber, P.A. 1971. "Some constraints on the formation of English sentence adverbs" *Linguistic Inquiry* Vol.2. No.1

5 章

(39) 菊地朗　1990「独立文となった非制限的関係節」『英語青年』4 月号.

(40) 金水敏　1986a「連体修飾成分の機能」『松村明古希記念国語研究論集』明治書院

(41) 金水敏　1986b「名詞の指示について」『築島裕博士還暦記念国語学論集』明治書院

(42) 益岡隆志・田窪行則　1989『基礎日本語文法』くろしお出版

(43) 三宅知宏　1993「日本語の連体修飾節について」『高度な日本語記述文法書作成のための基礎的研究』平成 4 年度科学研究費補助金総合研究（A）研究成果報告書

(44) Quirk *et al.* 1985. *A Comprehensitve Grammar of the English Language*. Longman.

(45) 寺村秀夫　1975-78「連体修飾のシンタクスとその意味　その 1 ～ 4」『日本語・日本文化』4 ～ 7

6 章

(46) Akiyo Asano, Ryuichi Washio, Kunihiko Ogawa. 1979. "Aspects of Discourse-Initial Sentences: A Case Study from English and Japanese" 研究報告『日本語の基本構造に関する理論的・実証的研究』

(47) Fox, Barbara A. and Thompson, Sandra A. 1990. "A discourse explanation of the grammar of relative clauses in English conversation" *Language* Vol.66 No.2.

(48) 伊藤晃　1995「日英語の非限定的修飾節の構文における機能について」『立命館英米文学』第 4 号

立命館大学英米文学会

(49) Loetscher, A. 1973. "On the Role of Nonrestrictive Relative Clauses in Discourse" *CLS* 9

(50) Prince, Ellen F. 1978. "A comparison of wh-clefs and it-clefts in discourse" *Language* Vol. 54 No. 4

(51) Prince, Ellen F. 1979. "On the Given/New Distinction" *CLS* 15

(52) Prince, Ellen F. 1981. "Toward a Taxonomy of Given-New Information" in Cole, P. (ed.) *Radical Pragmatics* Academic Press.

7章

(53) Chafe,W. L. 1976. "Givenness, contrastiveness, definiteness, subjects, topics, and point of view" In：Li, Charles N. (ed.) *Subject and Topic* Academic Press

(54) Declerck, R. 1984. "The pragmatics of It-clefts and Wh-clefts" *Lingua* 64

(55) Faraci, R. 1971. "On the deep question of pseudo-clefts" 『英語学』6

(56) 福地肇　1985『談話の構造』大修館書店.

(57) 伊藤晃　1992a「日英語の分裂文の対照研究 ― 焦点化可能な要素に関する制約を中心に」小西友七 (編)『語法研究と英語教育』No.14.　山口書店

(58) 伊藤晃　1992b "A contrastive analysis of Japanese and English cleft sentences"　神戸市外国語大学修士論文

(59) 益岡隆志　1991『モダリティの文法』くろしお出版

(60) Muraki, Masatake. 1974. *Presupposition and Thematization* Kaitakusha

(61) Nakada, Seiichi. 1973. "Pseudo-clefts: What are they?" *CLS* 9

(62) 中田清一　1984「疑問文のシンタックスと意味」『日本語学』3 月号

(63) Prince, Ellen F. 1978. "A comparison of wh-clefs and it-clefts in discourse" *Language* Vol. 54 No. 4

(64) Prince, Ellen F. 1986. "On the Syntactic Marking of Presupposed Open Propositions" *CLS* 22

(65) 澤田治美　1993『視点と主観性 ― 日英語助動詞の分析 ―』ひつじ書房

(66) 霜崎實　1983「形式名詞「の」による代名用法の考察」『金田一春彦博士古稀記念論文集 第一巻 国語学編』三省堂.

8章

(67) 江口正　1992「間接疑問節と格標識」『KLS』12

(68) 鎌田修　2000『日本語の引用』ひつじ書房

(69) 藤田保幸　1983「従属句「～カ（ドウカ）」の述部に対する関係構成」『日本語学』2　明治書院

(70) Grimshaw, Jane. 1979. "Complement Selection and the Lexicon" *Linguistic Inquiry*, 10

(71) Kajita, Masaru. 1977. "Towards a Dynamic Model of Syntax" *SEL*, 5

(72) Larson, Richard K. 1985. "Bare-NP Adverbs" *Linguistic Inquiry*, 4

(73) Larson, Richard K. 1987. ""Missing Prepositions" and the Analysis of English Free Relative Clauses" *Linguistic Inquiry*, 2

⑺ McCawley, James D. 1988. "Adverbial NPs: Bare or Clad in See-Through Garb?" *Language* Vol 64, No.3

⑺ Quirk *et al*. 1985. *A Comprehensitve Grammar of the English Language* Longman.

⑺ 住吉誠　1999「動詞の意味的特徴と that 節 ― nod + that 節を中心に ―」『英語語法文法研究』7

⑺ Stowell, Tim. 1981. Origins of Phrase Structure Ph.D. dissertation, MIT.

9章

⑺ Goldberg, A. 1995. *Constructions: A Construction Grammar Approach to Argument Structure* The University of Chicago Press

⑺ 影山太郎　1996『動詞意味論 ― 言語と認知の接点 ―』くろしお出版

⑻ 高見健一　1997『機能的統語論』くろしお出版

⑻ 田中実　1995「構造的意味としての〈直接性〉」『関西学院大学人文論究』第 45 号

⑻ 轟里香　2001「日英語の結果構文の相違に関する一考察」第 26 回関西言語学会 発表資料

10章

⑻ Givon, T. *et al*.eds. 1983. "Topic Continuity in Discourse: A Quantitative Cross-Language Study" John Benjamins

⑻ 益岡隆志・田窪行則　1992『基礎日本語文法 ― 改訂版 ―』くろしお出版

⑻ 益岡隆志　2000『日本語文法の諸相』くろしお出版

⑻ 森本順子　1994『話し手の主観を表す副詞について』くろしお出版

⑻ 仁田義雄・益岡隆志（編）1989『日本語のモダリティ』くろしお出版

⑻ 仁田義雄　1991『日本語のモダリティと人称』ひつじ書房

⑻ 仁田義雄（編）1995『複文の研究（下）』くろしお出版

⑼ 寺村秀夫　1982『日本語のシンタクスと意味 I』くろしお出版

⑼ 寺村秀夫　1984『日本語のシンタクスと意味 II』くろしお出版

■著者紹介

伊藤　晃（いとう　あきら）

1959 年　大阪府東大阪市生まれ
1982 年　関西大学商学部商学科卒業
1991 年　神戸市外国語大学第 2 部英米学科卒業
1993 年　神戸市外国語大学大学院外国語学研究科（修士課程）修了
1996 年　立命館大学大学院文学研究科博士後期課程単位取得退学
現　在　北九州市立大学基盤教育センター教授
専　攻　英語学

日英語対照研究と談話分析

2021 年 2 月 25 日　初版第 1 刷発行

■著　者──伊藤　晃
■発 行 者──佐藤　守
■発 行 所──株式会社 大学教育出版
　　　　　　〒 700−0953　岡山市南区西市 855−4
　　　　　　電話（086）244−1268㈹　FAX（086）246−0294
■印刷製本──モリモト印刷㈱
■Ｄ Ｔ Ｐ──林　雅子

ISBN978−4−86692−122−8